Schöner Tischschmuck

Gisela von Wissel

Schöner Tischschmuck

56 Farbfotos
27 Zeichnungen

VERLAG
EUGEN
ULMER

Titelbild:
Weintrauben und tiefgrüner Efeu harmonieren
mit dem edlen Weinlaubgeschirr der Meißener Porzellanmanufaktur
Umschlagrückseite: Aus kleinen Rosen sowie Blüten und Blättern
vom Frauenmantel entsteht ein Tischkranz.

Frontispiz, Seite 2: Blumen, Früchte und Blätter schmücken im Herbst
einen festlichen Tisch, s. auch Abb. 15.

Entwurf und Gestaltung der Tischdekorationen Gisela von Wissel
Fotos: Heinz-Werner von Wissel
Zeichnungen: Joannis Selveris nach Vorlagen der Autorin

Die Deutsche Bibliothek – CIP-Einheitsaufnahme

Schöner Tischschmuck / Gisela
von Wissel. – Stuttgart : Ulmer, 1995
    ISBN 3-8001-6575-9
NE: Wissel, Gisela von

© 1995 Eugen Ulmer GmbH & Co.
Wollgrasweg 41, 70599 Stuttgart (Hohenheim)
Printed in Germany
Lektorat: Ingeborg Ulmer
Herstellung: Gabriele Wieczorek
Einbandgestaltung: Alfred Krugmann, Freiberg am Neckar
Satz: Typomedia Satztechnik GmbH, Ostfildern
Reproduktion: BRK, Stuttgart (Plieningen)
Druck und Bindung: Passavia Druckerei GmbH, Passau

Vorwort

Viele Menschen haben Freude daran, sich mit schönen Dingen zu umgeben. Das drückt sich auch in der Tischkultur aus. Das Interesse am schön gedeckten Tisch hat in den letzten Jahren stark zugenommen. Je nach der persönlichen Neigung ist daraus ein Hobby entstanden, in dem hübsche Dinge gesammelt oder zum Gebrauch erstanden werden. Dazu gehören schönes Geschirr und viele Gegenstände, die einen Tisch schmücken können. Für die Freunde gepflegter Tischkultur wird der gedeckte Tisch erst dann zur Festtafel, wenn er einen passenden und auf den Anlaß abgestimmten Blumenschmuck erhält.

Die Freude am Gestalten und an ästhetisch schönen Formen sowie die Neigung zur Natur und zur Beschäftigung mit Blumen und Pflanzen, kann zu immer neuen und überraschenden Kreationen für den geschmückten Tisch führen. Wer sich gestalterisch mit Blumen und Pflanzen beschäftigt, weiß, daß jedes zusammengefügte Gebinde oder Gesteck ein Unikat ist, denn Gewachsenes wird nie mehrmals gleich sein. Das Geschirr kann sein Aussehen nicht verändern, seine Wirkung jedoch verwandelt sich durch veränderte Accessoires. Somit entsteht eine neue Situation, die nach einer neuen Lösung verlangt. Das ist das Reizvolle am Thema Tischschmuck.

Die hier abgebildeten und beschriebenen Gebinde aus Blumen und Pflanzenteilen können nur eine kleine Gestaltungshilfe und sollen vor allem Anregung sein. Sie genau nachzuarbeiten, wird in den seltensten Fällen gelingen, denn schon geringe Veränderungen beim Einsatz der Gestaltungsmittel können zu einem neuen Ergebnis führen. Dies sollte jedoch nicht davon abhalten, sich an den Beispielen zu versuchen. Wer zu Beginn eine kleine häusliche Veranstaltung ausschmückt, findet rasch den Mut, auch an größere Aufgaben heranzugehen und wird Freude daran haben.

Wenn ein Tisch zu einem Fest dekoriert wird, sollte immer bedacht werden, daß Gäste daran eine Mahlzeit einnehmen sollen und daß möglicherweise vielfältige Aktivitäten am Tisch stattfinden, die ungehindert ablaufen sollen. Den Tisch nicht zu überladen und trotzdem einen besonderen und schönen Tischschmuck zu gestalten, ist stets eine anspruchsvolle Aufgabe. Dieses Buch will dafür Hilfen geben. Je nach individuellem Geschmack und auch unter Berücksichtigung der sich verändernden Schönheitsvorstellungen und Moden sind die Vorschläge variabel. Die verschiedenen Herstellungsmethoden hingegen, die in mehreren Abschnitten vorgestellt und ausführlich erklärt werden, werden sich im Laufe der Zeit kaum ändern. Sie müssen allenfalls abgewandelt werden, wenn sich neue Ideen entwickelt haben.

Viele Freunde und Bekannte standen mir geduldig, nicht nur mit Rat, sondern auch mit Tat und besonders mit Gegenständen für den gedeckten Tisch zur Seite. Interessante Gespräche mit Restaurantfachleuten verhalfen mir zu Einblicken und Erkenntnissen in ihre Arbeit zum Wohle des Gastes. Bei ihnen allen möchte ich mich bedanken; ebenfalls bei den Mitarbeitern des Verlages, die mit Sorgfalt und Liebe aus einem Manuskript, Fotos und Zeichnungen ein Buch gemacht haben.

Gisela von Wissel,
im Sommer 1995

Inhaltsverzeichnis

Geschichtliches um den geschmückten Tisch

Wie jeder andere kulturelle Bereich war auch die Tisch- oder Eßkultur im Laufe der Geschichte großen Veränderungen unterworfen. Geographische und gesellschaftliche Einflüsse prägten das Verhalten der Menschen. Es ist eine uralte Gewohnheit, in geselliger Runde zu essen und zu trinken. Ein Fest oder ein Feiertag hob sich schon immer durch besondere Speisen und besondere Gestaltung gegenüber alltäglichen Malzeiten ab. Gleichzeitig entwickelte sich die Kultur, mit Blumen Menschen oder Räume zu schmücken. Es gibt dafür zahlreiche Beispiele in überlieferten Zeugnissen aus der ägyptischen und griechischen Geschichte. In der Antike spielten Festmahle eine große Rolle. Die in dieser Zeit üblichen, kleinen und flachen Tische, an denen der Gast in fast liegender Stellung speiste, boten auf dem Tisch selbst keinen Raum für Blumenschmuck. Auf Blumen wurde jedoch nicht verzichtet. Der Gast selbst wurde mit duftenden Blätter- oder Blumenkränzen geschmückt, die Wände wurden mit Blumen behängt, indem zum Beispiel duftende Blüten und Blätter auf Tücher genäht und in den Festräumen aufgehängt wurden. Während bei den Griechen Harmonie und Ästhetik im Vordergrund standen, legten die Römer mehr Wert auf Prunk. Beide Völker verwendeten zum Schmücken ihrer Festräume Girlanden, Festons und Kränze.

Der Brauch, ein Fest durch Blumenschmuck zu verschönern, lebte im Mittelalter in abgewandelter Form weiter. Das kühle Klima nördlich der Alpen und dadurch bedingt, ein nicht so üppiges Blumen- und Blätterangebot, ließen schlichtere Formen entstehen. Die Girlanden waren Schnüre, auf die sparsam Grünbuschen oder kleine Stäuße aufgezogen waren. Solche Girlanden schmückten neben baumartigen Gebinden die Festräume. Dabei fanden viele heidnische Bräuche Eingang in den Ablauf und Schmuck von Festen und wurden somit in den christlichen Ritus integriert. Die Tafel selbst wurde mehr durch das dekorative Geschirr und die großen mit Speisen beladenen Tragen als durch Blumengebinde geschmückt. Blumen zum Ausschmücken von Wohnräumen entnahm man nur der freien Natur, denn die wenigen vorhandenen Gärten dienten dem Anbau von Heilkräutern und Gewürzen.

Zeichnung 1
Eine gebundene Apfelpyramide, die auch als »Schlesische Weihnachtsklause« bekannt ist.

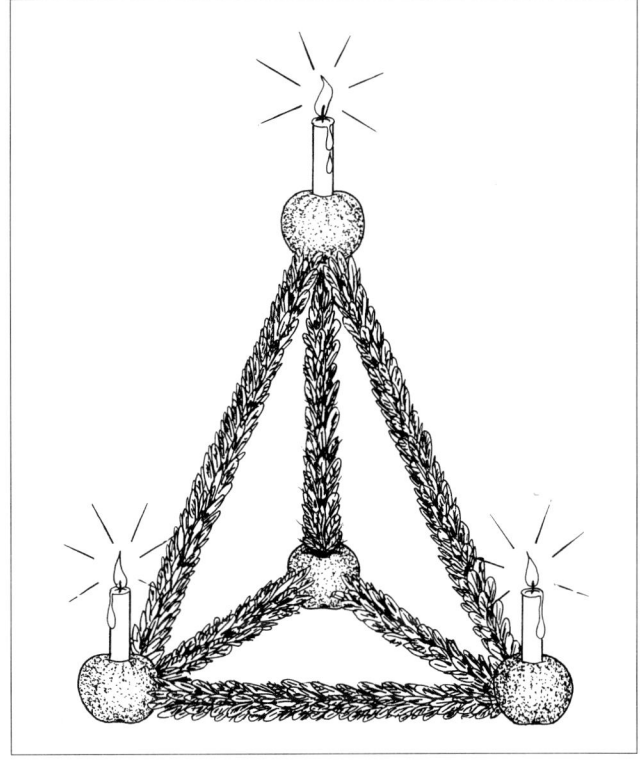

Zur Zeit der Renaissance, um 1500, tauchten erstmals in der abendländischen Kultur Blumenvasen auf. Bis dahin hatte man Feldblumen und Kräuter in Gefäßen des täglichen Gebrauchs aufgestellt. Nun wurden bereits Blumen und Zierpflanzen in den fürstlichen Gärtnereien herangezogen, um als Raumschmuck Verwendung zu finden. In Gemälden aus dieser Zeit findet man die ersten üppigen, kunstvollen Blumenzusammenstellungen. Als Schmuck auf Festtafeln haben sie jedoch noch keine Bedeutung. Nur vereinzelt findet man auf den Speiseplatten Obst und Blumen als Schmuck und Streublumen auf dem Tisch.

Im 18. Jahrhundert spielt die Blume eine immer größere Rolle, zunehmend erscheinen aber auch künstliche Blumen aus Textilien und Porzellan. Die Entwicklung der Porzellanmanufakturen ermöglichte es in dieser Zeit, kunstvolle Tafelaufsätze mit floralen Motiven anzufertigen.

Im Laufe des 19. Jahrhunderts prägte das Bürgertum mehr und mehr den Lebensstil. Im Biedermeier entstand die Formbinderei. Blüten und Zweige wurden zu festen Formen geordnet und zu Gebinden zusammengefügt. Ein Beispiel hat sich bis in die heutige Zeit erhalten, der Biedermeierstrauß. In ihm werden Blüten und Blätter in festen Ringen angelegt und zusammengebunden. Den Abschluß des

Straußes bildet eine Manschette. Als Tafelschmuck in Kaufmannshäusern und zu Zunftveranstaltungen wurden Landschaftsbilder oder Gärten auf den Tafeln konstruiert oder geometrische Formen aus Blättern und Blüten ausgelegt. Zu festlichen Anlässen fertigte man große Gebinde aus Blumen und Grün mit den Zeichen der Handwerkszünfte und schmückte damit die Tische. In der Gründerzeit, ab 1870, entwickelte sich ein Hang zum Repräsentativen. Es gehörte zur Beschäftigung der begüterten Damen, zu Festen für einen üppigen, wirkungsvollen Blumenschmuck auf der Tafel zu sorgen.

Daneben wurde der Blumen- und Tischschmuck, der sich aus dem ländlichen Volks- und Brauchtum entwickelt hatte, weiter gepflegt. Zu den großen kirchlichen Festen entstanden regional leicht unterschiedliche Schmuckelemente. Die Erntekrone im Herbst gehörte genauso dazu wie der Eierstrauß zur Osterzeit oder die vielen Formen von Klausen, Buschen und Putzapfel (Zeichnungen 1 und 2), sowie Girlanden und Kränze zu Advent und Weihnachten.

Zu Beginn des 20. Jahrhunderts, in dem die Verstädterung und der Abstand zum ländlichen Brauchtum immer mehr die Wohnform prägte, bekamen Blumen und Zierpflanzen einen immer höheren Stellenwert. Das Blumenangebot wurde größer, industriell angefertigte Gefäße und Vasen wurden für jeden erschwinglich. Blumen- und Kunstgärtnereien, so nannten sich Gärtnereibetriebe, in denen Blumenbinderei betrieben wurde, boten als Dienstleistung gebundenen Tischschmuck an. In der zweiten Hälfte dieses Jahrhunderts setzte dann eine rasante Weiterentwicklung ein. Weltweite Einflüsse bestimmen heute die Lebensgewohnheiten und den Wohnstil. Ebenso sorgt ein weltumspannender Blumenmarkt für ein nie dagewesenes Angebot und zugleich entwickelten sich die unterschiedlichsten Methoden, Blumen und Pflanzen zu verarbeiten. Zu jeder Wohnidee und zu jedem individuellen Lebensstil gibt es heute einen passenden Tischschmuck.

Allgemeines über Tischschmuck und Tische

Tischschmuck muß in seiner Art und Gestaltung dem Anlaß der Festlichkeit und dem Stil des Raumes angemessen sein. Seine Aufgabe ist, die gewünschte Stimmung und Atmosphäre zu unterstreichen. Er muß deshalb auf die Veranstaltung und die Speisenfolge abgestimmt werden und darf in seiner Form und Größe nicht stören. Die aufgetragenen Speisen werden beim Essen selbst ein optisch wirkungsvolles Element auf der Tafel sein. Bevor die Speisen aber auf den Tisch gelangen, hat der Tischschmuck die ganze Aufmerksamkeit der Anwesenden. Durch eine geschickte Auswahl der Blumen, Blätter und Pflanzenteile, sowie durch Farben und Formenvielfalt vermag der Tischschmuck die Gäste an der Tafel schon auf die kommende Veranstaltung einzustimmen. Wenn beim Gestalten des Tischschmucks auf die stimmungsmäßige Ausstrahlung der Pflanzen und des Beiwerks auf dem Tisch geachtet wird, bleiben der gewünschte Erfolg und die Anerkennung gewiß nicht aus.

Neben den optischen Eindrücken können auch Düfte von Blumen und Pflanzen eine Rolle spielen. Im Geruch neutrale Gestaltungsmittel sind stark duftenden Blumen vorzuziehen, wobei ein zarter, unaufdringlicher Duft die Lebendigkeit der Blumen nur verstärken könnte, ohne zu stören.

Der Platzbedarf für Gedeck und Schmuck

Der Tischschmuck muß in seinen Abmessungen so gestaltet sein, daß er das Gedeck nicht berührt und dem Gast den freien Zugriff zu den Speisen und Getränken ermöglicht, ihm aber ebenso ausreichende Bewegungsfreiheit am Tisch gewährt.

Beim Essen sollte je Gast ein Platz von mindestens 60 cm, maximal 90 cm in der Breite und von 30–40 cm in der Tiefe vorgesehen werden. Bei geringerer Breite würden sich die Gäste gegenseitig behindern. Ist dagegen der Platz zu wenig genutzt und der Raum zwischen den Gästen zu groß, kann ein Gefühl der Leere und Verlorenheit entstehen.

In der Höhenausdehnung muß sich der Tischschmuck ebenfalls den Bedürfnissen der Gäste unterordnen, indem er den freien Blick nicht behindert. Darum sollten die Gestaltungsmittel nicht höher als 25 cm sein, wobei leichte Formen dieses Maß überschreiten können. Der größte Teil der Blumen bleibt weit darunter und nutzt den Raum in der Horizontalen. Bei sehr großen, repräsentativen Tafeln mit viel Freiraum zwischen den Gedeckreihen kann der Blumenschmuck in der Höhe stärker ausgearbeitet werden. Ab etwa 60 cm Höhe, also über der Augenhöhe der am Tisch sitzenden Gäste, können Blumen in hohen Elementen angeordnet werden oder sehr langstielige, formal wirksame Blumen aus der Grundgestaltung herausragen und sich erst über der Kopfhöhe der Sitzenden entfalten.

Vorbereitung von Blüten- und Pflanzenteilen

Jedes pflanzliche Gestaltungsmittel muß für seine Verwendung gut vorbereitet werden. Die Veranstaltung, für die der Tischschmuck erstellt werden soll, kann lange dauern und die Räume, in denen die Festlichkeit stattfindet, erwärmen sich oft schnell. Dann werden häufig die Fenster geöffnet. Entstehende Zugluft und übermäßige Wärme vermindern die Haltbarkeit von Blumen. Gut vorbereitete Gestaltungsmittel überstehen solche Belastungen besser. Am Ende einer Veranstaltung sollte der Tischschmuck noch ebenso frisch aussehen wie zu Beginn der Festlichkeit.

Für Tischschmuck verwendet man häufig kleine oder flache Gefäße. Somit ist der Wasservorrat, der den Blumen zur Verfügung steht, nur gering. Auch die Steckmasse, die häufig eingesetzt wird, hat nur eine begrenzte Fähigkeit, Wasser zu speichern. Das Hauptaugenmerk sollte darum auf der Vorbereitung der Blumen liegen. Sorgfältige Auswahl der Arten sowie deren Beschaffenheit ist wichtig. Blüten und Blätter, die frisch geschnitten oder gekauft wurden, sollten etwa sechs Stunden gut gewässert und kühl gestellt werden. Die Stiele der Blüten werden vor dem Einstellen in das Wasser mit einem scharfen Messer schräg angeschnitten. Beim Anschneiden betrachtet man die Blumen aufmerksam und entfernt sorgfältig kleine für die Gestaltung unwichtige Triebe in den Blattachseln. Diese frischen, unreifen Seitentriebe verdunsten sehr viel Wasser und vermindern die Haltbarkeit der Hauptblüte.

Bei größeren Mengen unterschiedlicher Blumen sollte jede Art für sich in ein sauberes, ausreichend großes Gefäß mit reichlich Wasser eingestellt werden. Bei frisch geschnittenen oder durch langen Transport angewelkten Blüten ist handwarmes Wasser dem kühlen Leitungswasser vorzuziehen. Außerdem sollte darauf geachtet werden, daß die Blumen locker zueinander eingestellt sind. Wenn Blumen in Gefäßen zu eng stehen, kommt es leicht zu Beschädigungen.

Es ist ratsam, dem Wasser ein auf die Blumenart abgestimmtes, handelsübliches Frischhaltemittel hinzuzufügen. Es verhindert ein durch Bakterien verursachtes Verstopfen der Leitungsbahnen in den Blütenstielen und erhöht die Haltbarkeit der Blumen.

Vorbereitung der Steckmasse

Für die Haltbarkeit der Gestecke ist auch die Vorbehandlung der Steckhilfen wichtig. Ein aufgeschäumter, synthetischer Steckschwamm muß vorher gut gewässert werden. Man füllt dazu ein ausreichend großes Gefäß mit Wasser und legt den Steckschwamm auf die Wasserfläche. Der Schwamm soll sich ohne Druck von oben voll Wasser saugen. Die wasserabgewandte Seite des Schwammes muß solange trocken bleiben, bis das Wasser von unten aufgestiegen ist. Wenn die Oberseite gleich angefeuchtet wird, bleibt meist in der Mitte des Steckschwamms ein trockener Bereich, der die nachher einzusteckenden Blüten im Trocknen stehen läßt. Wenn der Steckmasseblock mit Wasser vollgesogen ist, sinkt er unter. Die so behandelte Steckhilfe besitzt die Fähigkeit, das aufgenommene Wasser lange zu speichern.

Ebenso wichtig für die Haltbarkeit des Gesteckes ist die Behandlung der Blumen und Blätter beim Aufstecken. Jeder Stiel wird in der richtigen Länge für die Gestaltung des Gesteckes mit einem scharfen Messer schräg angeschnitten, bevor er in die Steckmasse gesteckt wird. Alle überflüssigen Blätter oder Seitentriebe werden vorher entfernt.

Ist das Gesteck fertig und wird es noch nicht gleich benötigt, ist es ratsam, das Arrangement an einem kühlen Ort, möglichst frei von Zugluft und ohne Sonneneinstrahlung, aufzubewahren. Ein feines Einnebeln mit Wasser aus einer Sprühflasche ist dabei nützlich. Ganz wichtig ist das Auffüllen der Gefäße mit Wasser. Später an Ort und Stelle auf der Tafel sollte die Wasserversorgung nochmals kontrolliert werden.

Sauberer Blumenschmuck für den gedeckten Tisch

Blumen benötigen zum Überleben Wasser. Wenn der Tischschmuck außerhalb der Tafel angefertigt wird, kann das Aufstellen des fertigen Gesteckes schwierig werden, wenn es zu viel Wasser enthält. Ein sorgfältig abgewischtes, außen trockenes Gefäß mit wenig Wasser läßt sich leichter auf den Tisch stellen, ohne daß Wasser verschüttet wird. Bei einer wassergefüllten Schale sichert man den Weg über den Tisch mit einem saugfähigen Tuch ab; ebenfalls dann, wenn mit einer langtülligen Gießkanne Wasser nachgegossen werden muß.

Wichtig ist, daß das Gefäß absolut wasserdicht ist. Das Gesteck steht häufig längere Zeit auf dem Tisch und das Tischtuch läßt Wasserschäden an der Tischplatte oft nicht erkennen. Auch ein Band, das in den Tischschmuck eingearbeitet wird und mit der Steckmasse oder mit dem Wasser Kontakt hat, oder auch auf der Steckmasse aufliegende Blätter können Wasser ziehen, Feuchtigkeit auf das Tischtuch abgeben und den Tisch beschädigen. Eine unter die Tischdecke gelegte Folie oder eine unter das Gesteck gelegte farblose Glasplatte können Schäden an der Tischplatte verhindern.

Der Blumenschmuck soll den gedeckten Tisch verschönern. Pflanzengrün, Wasser, Rindenstücke und Moos können auf der Tafel zu Verunreinigungen führen. Durch eine gute Vorplanung kann so etwas verhindert werden. Es sind lediglich einige Punkte zu bedenken.

Blumen und Blätter, die zu Tischschmuck verarbeitet werden, sollten nicht färben, wenn sie feucht sind oder angesprüht werden. Diese Gefahr besteht insbesondere bei künstlich gefärbten Blumen. Bei Früchten und Beeren, besonders bei Holunderbeeren und anderen weichschaligen Früchten, können durch abfallende Früchte Flecken auf der Tischdecke entstehen.

Wenn Ranken und Blätter aus dem Garten oder in der freien Natur geschnitten werden, ist zu beachten, daß rankende Gehölze während der ganzen Vegetationsperiode wachsen. So finden sich zum Beispiel an Efeutriebspitzen immer junge, unausgereifte Blättchen, die schnell welk werden. Es ist deshalb empfehlenswert,

Efeuranken aufmerksam anzuschauen und eventuell auszuputzen und sie im Zweifel nur in den Jahreszeiten zu verwenden, in denen sie nicht stark treiben.

Alle Pflanzenteile, die verwendet werden, sollten zunächst geputzt werden. Verblühte oder beschädigte Blüten an mehrblütigen Blütenständen sind durch einen Schnitt mit einem scharfen Messer oder besser einer Schere zu entfernen. Durch die Verwendung eines Werkzeuges vermeidet man eine Beschädigung der Nachbarblüte oder des Stieles.

Ranken jeglicher Art sind ein beliebtes Gestaltungsmittel, aber man sollte bedenken, daß auf dem Boden wachsende Ranken mit Erde in Berührung kommen können. Sie sollten vor der Verwendung auf Erdreste untersucht und vor der Verarbeitung gegebenenfalls sorgfältig gereinigt werden. Zu diesem Zweck legt man das Blatt der Ranke auf die linke, flach ausgebreitete Hand und wischt mit einem nassen Schwamm die Ober- und Unterseite gründlich ab. Bei Ranken, die beim Kontakt mit der Erde kleine Wurzeln entwickeln, wie bei Efeu- oder Erdbeerranken, sind die Wurzeln zu entfernen und dann die Ranken zu säubern. Genauso sorgfältig wie die Ranken sollten die Blätter von bodennahen Standorten gesäubert werden. Sind die Blätter behaart wie beim Frauenmantel, muß die Säuberung besonders sorgfältig geschehen.

Bei Freilandpflanzen ist besonders auf tierische Bewohner zu achten. Käfer und Schnecken verkriechen sich gern im Laub. Bei der meist wärmeren Temperatur im Raum verlassen sie dann ihr Versteck und können zu unerwünschten Effekten führen. Dabei kann ein Marienkäfer noch als Glücksbringer angesehen werden. Schnecken und Ameisen werden von den Tischgästen meist als unpassend empfunden.

Sicherer Stand und Aufbau der Dekoration

Ausgelassene Stimmung und temperamentvolle Tischgäste muß der Schmuck unbeschadet überstehen können. Standfeste Gefäße und eine gut verarbeitete Steckmasse sind deshalb eine wichtige Voraussetzung. Sorgfältig eingesteckte Blütenstiele verbessern gleichfalls die Standfestigkeit. Damit sie einen festen Halt finden, müssen sie tief in der Steckmasse verankert sein.

Beim Ausarbeiten des Schmuckes ist darauf zu achten, daß keine zu weit ausladenden Zweige eingesetzt werden. Bei dornigen Ranken und Zweigen ist zu bedenken, daß sie sich auf engen Tischen leicht in der Kleidung der Gäste verhaken können.

Wenn Kerzen direkt in den Blumenschmuck eingearbeitet werden, müssen sie gut befestigt werden und wirklich standsicher sein. Ein besonderes Augenmerk ist auf die Plazierung der Kerzen zu legen. Die Flamme der Kerze kann bei einem ungeschickten Platz im Gesteck eine darüber schwingende Blüte oder ein Blatt anbrennen. Wenn Blüten zu dicht neben der Kerze gesteckt sind, besteht die Gefahr, daß die Blüte durch die Kerzenwärme vorzeitig welkt. Bei längeren Veranstaltungen, bei denen Kerzen verwendet werden sollen, wird es in den meisten Fällen sinnvoll sein, diese in einem Leuchter extra aufzustellen. Sie können so problemlos ausgewechselt werden. Bei zeitlich absehbaren Feiern können eingearbeitete Kerzen verwendet werden, was interessante Gestaltungsmöglichkeiten bieten kann und zudem Platz spart.

Wenn ein Tischschmuck als gebundener Strauß in einer Vase verwendet wird, ist es wichtig, daß die Vase standfest ist. Bei runden Sträußen sind runde, breit aufstehende, aber nicht zu hohe Gefäße sinnvoll. Für Einzelblüten, die ebenfalls einen hübschen und reizvollen Tischschmuck ergeben können, kann man schmale Gefäße auswählen. Sie sollten so beschaffen sein, daß sie der Blüte sicheren Halt gewähren.

Wird der Tisch zur Tafel und kommen überhohe Objektträger zum Einsatz, ist deren Standfestigkeit besonders wichtig und erste Voraussetzung. Sie sollten jedoch op-

tisch leicht wirken und möglichst den Blick nicht versperren. Der Objektträger mit den Blumen muß bei Stößen an den Tisch fest stehen und so beschaffen sein, daß er der hochsitzenden Steckmasse und den eingesteckten Blumen einen festen Halt gibt (Abbildung 1).

Eine andere unkomplizierte Form, den Tisch zu schmücken ist es, mit gelegten Blüten und Blättern, Ranken und Früchten zu dekorieren. Diese Art erfordert keine besondere Bearbeitung, nur viel Platz auf dem Tisch. Sie ist sinnvoll und schön, wenn auf der Tafel außer den Gedecken keine anderen Dinge plaziert werden und die Speisen und Getränke serviert oder von den Gästen vom Buffet geholt werden. Zu diesem Schmuck verwendet man Blüten und Blätter, die nicht so schnell welken und die gut gelegt werden können. Bei der richtigen Blumenauswahl ist ein solcher Tischschmuck sehr einfach zu arrangieren, jedoch etwas empfindlich im Gebrauch. Wird bei der Veranstaltung auf dem Tisch mit Servierplatten und Tortentellern hantiert, kann die Gestaltung rasch in Unordnung geraten. Der schmückende Effekt ist dann schnell verschwunden.

Zum schön gedeckten Tisch gehört ein bestimmtes Maß an Ordnung. Geht diese Ordnung verloren, sieht der Tisch traurig aus.

Tische im häuslichen Bereich

Ein runder Tisch bietet häufig mehr Gästen Platz als man vermutet. Hier ist meist ein in der Mitte plazierter Tischschmuck die beste Lösung. Durch die Betonung der Mitte wird die Symmetrie der Kreisform gewahrt und betont. Ein runder Blumenschmuck als Strauß oder Gesteck unterstreicht den Gesamteindruck. Wenn eine Mitteldecke oder aufgelegte Bänder verwendet werden, ist der Mittelplatz schon vorgegeben (Abbildungen 16 und 21).

Wird der runde Tisch nur für wenige Personen gedeckt, kann der Schmuck aus der Mitte gerückt werden. Der Strauß oder

Abbildung 1
Ein Tischschmuck,
der oberhalb der
Augenhöhe angeord-
net ist.

Rosenblütenblätter
Fuchsschwanz
Jasminranken
Waldrebensamen-
stände
Bambusstäbe
Zierspargel
Zierdraht
Bastknäuel
schmales Band
Klebepistole
Kerzenständer,
80 cm hoch

das Gesteck sollten in diesem Fall dann nicht so rund und kompakt sein.

Häufig läßt sich ein runder Tisch zu einer ovalen Tischform ausziehen. Harmonisch wirkt auf dieser Tischform ebenfalls ein ovaler oder länglicher Blumenschmuck. Es kann ein Gesteck, ein zweiseitig ausgearbeiteter Strauß oder eine gleichmäßige Ranke sein. Bei größeren Tischen dieser Form wirkt ein zweiteiliger Schmuck, der die Mitte frei läßt, großzügiger (Zeichnung 3 oben).

Der rechteckige Tisch ist die häufigste Tischform. Je nach Plazierung der Tischgäste wird der Blumenschmuck seinen Platz finden. Ist der Tisch an allen Seiten besetzt, bleibt die Mitte für den Blumenschmuck. Er kann ein länglich aufgestecktes Einzelarrangement sein oder, bei einem großen Tisch, aus mehreren Gestek-

13

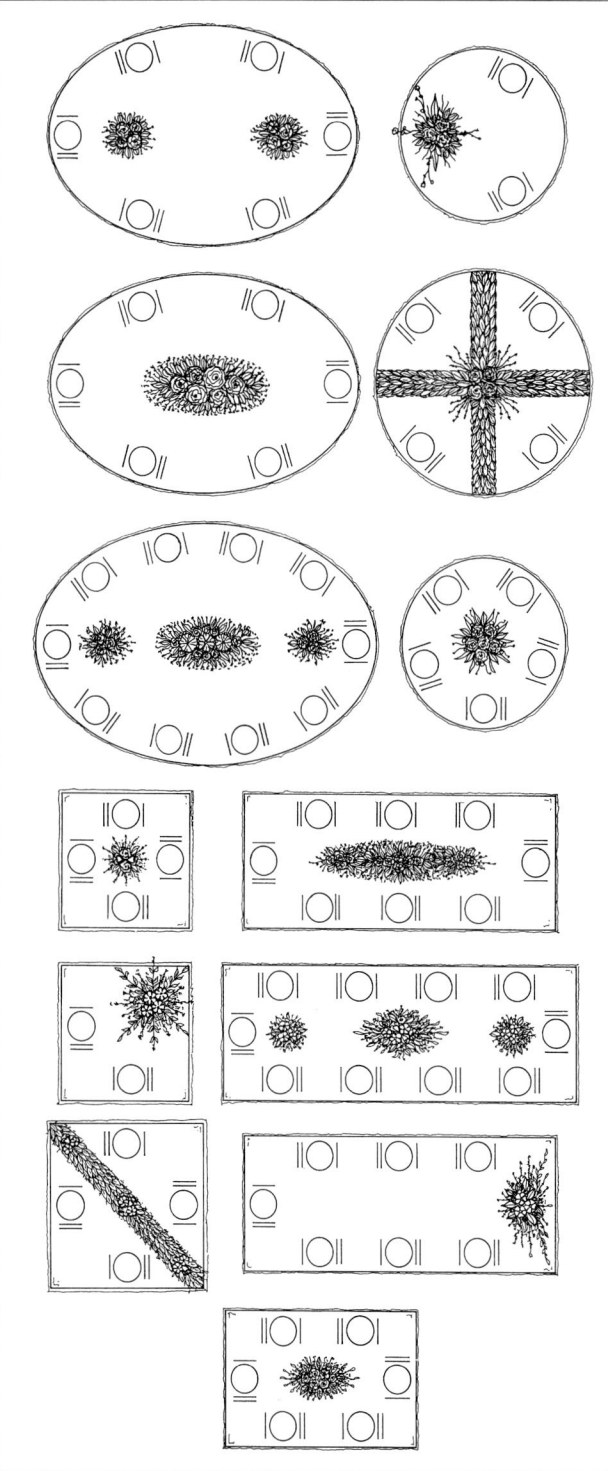

ken oder Sträußen bestehen. Ist der Tisch sehr schmal, bietet sich ein schmaler, bandförmiger Blumenschmuck an. Werden nicht alle Plätze am Tisch benötigt, kann der Tischschmuck an einer Schmalseite aufgestellt werden (Zeichnung 3 unten).

Quadratische Tische sind seltener. Auf ihnen kann der Tischschmuck ähnlich plaziert werden wie auf runden Tischen. In den meisten Fällen wirkt eine symmetrische Anordnung auf diesen Tischen harmonischer als eine asymmetrische.

Tische in großen Räumen

In großen Räumen können Tische zu rechteckigen oder quadratischen Blöcken zusammengestellt werden. Ebenso ist die Zusammenstellung rechteckiger und quadratischer Tische zur Form eines großen T, U oder E möglich. Häufig sind auch runde Einzeltische im Raum verteilt, an denen sieben bis acht Personen Platz nehmen können. Ein Blumenschmuck in der Mitte jedes einzelnen runden Tisches ist die gebräuchlichste Lösung. Die einzelnen Gestecke auf den verschiedenen Tischen müssen im Detail nicht gleich sein. Im Gesamteindruck jedoch sollten sie einen einheitlichen Anblick bieten. Bei großen zusammengestellten Tischanordnungen bestimmen die Breite der Tische sowie die Anordnung der Gedecke die Art des Blumenschmuckes.

Bei einer T-Form werden Ehrengäste an die kurze Querseite gesetzt, da ihnen dieser Platz zu allen Gästen am Tisch Blickkontakt bietet. Wird nun die Tafel von beiden Seiten eingedeckt, ergibt sich vor den Ehrengästen ein Freiraum, der sich für ein Schmuckelement anbietet. Korrespondierend mit diesem Mittelteil können dann auf den Seitenarmen und dem Längstisch weitere Schmuckelemente angeordnet werden.

Auch bei einer U-Form entscheidet die Plazierung der Gäste über den Standort des Tischschmuckes. Bei einer einseitigen Besetzung außen können sich alle Gäste anschauen und auf der Tafel ist genügend

Inkalilie
Freesie
Nelken
Jasminranken
Binse
Eukalyptus
Bronzeblatt
Farn
schmales Band
flache Schale
Steckmasse
aufgefädelte Blätter
Zierdraht

Zeichnung 3
Tischformen und
Schmuck-
plazierungen im
häuslichen Bereich.

15

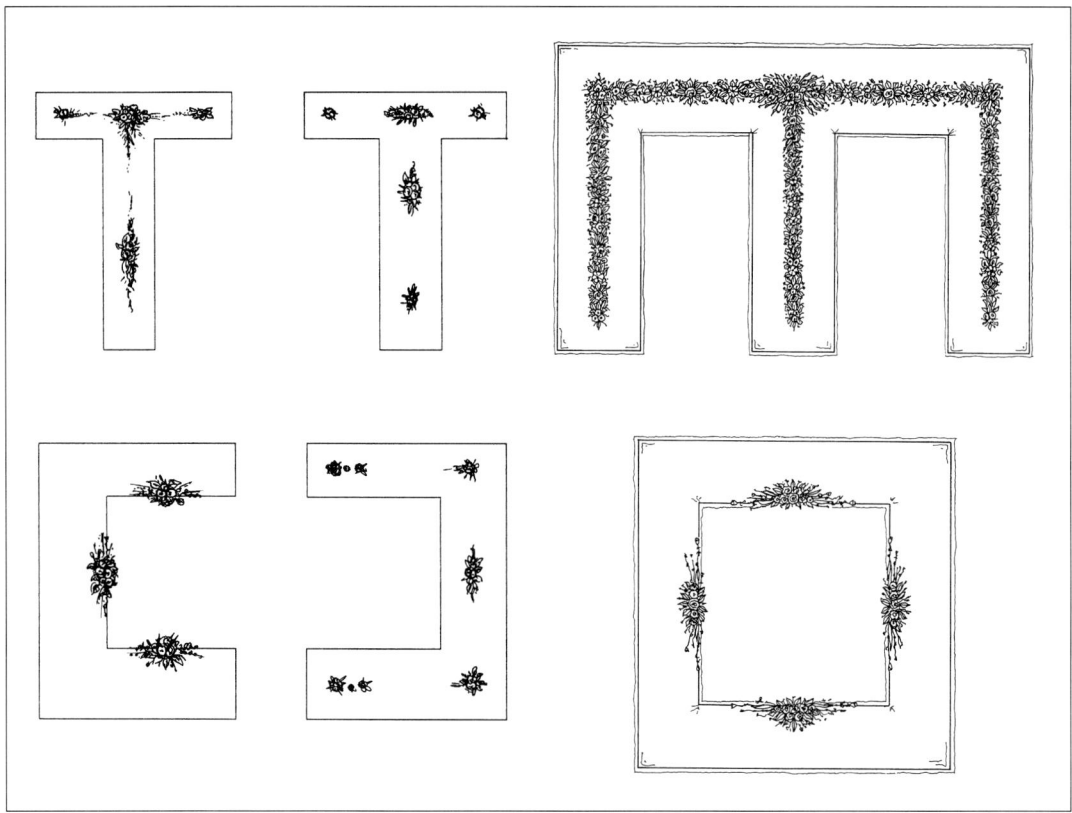

Zeichnung 4
Anordnung von
Tischschmuck auf
großen Tafeln. T-For-
men für Gedecke
ringsum, U-Formen
links nur außen,
rechts ringsum
besetzt, E-Form
ringsum einzudek-
ken, das geschlos-
sene Quadrat wird
nur von außen
besetzt.

Raum für Blumenschmuck. Gespräche sind dann aber nur mit den rechts und links sitzenden Personen möglich. Wird der U-förmige Tisch beidseitig eingedeckt, bietet sich eine ähnliche Plazierung des Blumenschmuckes wie bei der T-Form an. Die innen sitzenden Personen kehren sich den Rücken zu, aber das Gespräch über den Tisch ist ein wesentlicher Vorteil.

Einen wirkungsvollen Tischschmuck kann das Aufstellen der Arrangements an der unbesetzten Innenkante der Tafel ergeben, wenn sie mit rankenden Blüten, Blättern und abfließenden Gestaltungsmitteln gearbeitet werden (Abbildung 2). Die Einzelgestecke auf der Tafel sollen optisch miteinander in Verbindung stehen. Befinden sich zu kleine oder zu wenige Elemente auf dem Tisch, verlieren sie den Zusammenhang und somit ihre Wirkung.

Tische in E-Form werden im allgemeinen beidseitig eindeckt, da so am meisten

Gäste unterzubringen sind. Je nach der Breite der Tafel und dem Aufwand an Blumenschmuck bieten sich Einzelgestecke oder ein lockeres Blumenband aus Rankwerk mit blumigen Akzenten an.

Ist der Raum groß genung, können die Tische zu einem in der Mitte freien Quadrat zusammen gestellt werden und die Gäste nehmen an der Außenseite Platz (Zeichnung 4). Die Innenkante ist frei und bietet wie bei der U-Form den idealen Platz für den Tischschmuck. Im freien Innenraum bietet sich zusätzlich die Möglichkeit, einen Blumenschmuck zu arrangieren. Geht dieser Schmuck über die Tischhöhe hinaus, sollten die abfließenden Bewegungsformen des Tischschmuckes darauf abgestimmt werden. Ein auf der Mitte der Tafel angeordneter Schmuck würde keine Konkurrenz zu dem dominanten Mittelstück ergeben, wenn Ranken die Horizontale betonen.

Stilelemente, die das Aussehen des gedeckten Tisches bestimmen

Die Atmosphäre eines Raumes wird maßgeblich durch optische Eindrücke bestimmt. Sicherlich spielen daneben auch andere Sinneseindrücke eine große Rolle. Der optische Eindruck beginnt mit dem Stil des Hauses, in dem die Feier stattfindet und konzentriert sich dann auf den Wohn- oder Eßraum und seine Einrichtung. Insbesondere die textile Ausstattung und die Farbgebung der Einrichtungsgegenstände bestimmen die Atmosphäre eines Raumes. Das Gefühl des sich Wohlfühlens, der Geborgenheit und der Gemütlichkeit stellt sich ein, wenn alles im Einklang steht.

Der Einfluß der Farben

Für das Verständnis der nachfolgenden Abschnitte ist ein knapper Exkurs in die Farbenlehre unumgänglich. Ausführliche Literatur dazu enthält das Literaturverzeichnis.

Farben sind mehr als nur Lichtwellen. Sie beeinflussen unsere Empfindungen und begleiten uns ständig. Sie machen unsere Umgebung freundlich und heiter und bestimmen in der Arbeitswelt häufig Ordnungssysteme bis hin zur Straßenverkehrsregelung. Bezogen auf das Thema Tischschmuck soll nur die Wirkung der Farben bei Textilien, Papier und Blumen erwähnt werden. Farben auf Textilien oder Papier haben eine andere Wirkung als Blumenfarben. Die ersteren wirken kompakt und fest, Blütenblätter dagegen lassen Farben licht und leicht, ja transparent wirken. Besonders auffällig ist diese Erscheinung, wenn ein Blütenblatt getrocknet und gepreßt ist. Seine Leuchtkraft schwindet mit dem Verdunsten des Zellsaftes.

Bei Farben unterscheidet man Grundfarben und Mischfarben. Die drei Grundfarben nach den Farbtheorien von Johannes Itten sind Gelb, Rot und Blau. Sie werden als Primärfarben bezeichnet. Die Mischfarben, Sekundärfarben, entstehen durch Mischungen aus je zwei Grundfarben. Ein Beispiel: ein Teil Gelb und ein Teil Rot ergibt Orange. Rot und Blau gemischt führt zu Violett. Mischt man Blau und Gelb, so entsteht Grün. Werden Anteile aller drei Grundfarben gemischt, entstehen trübe Farben wie Olivgrün oder Braun als Mischfarben zweiter Ordnung. Pastellfarben entstehen, wenn Primärfarben oder Sekundärfarben mit Weiß aufgehellt werden.

In den vielfältigen allgemein bekannten Farbtheorien steht die Anwendung von Farben in der Textil- und Druckindustrie sowie durch Künstler im Vordergrund der Ausführungen. Hier können Farben miteinander neu gemischt und dann weiter verwendet werden. Beim Gestalten mit lebenden Blumen und Pflanzen läßt sich die natürliche Farbigkeit nicht verändern. Somit ist eine andere Betrachtungsweise und ein anderer Umgang mit Farben notwendig. Der Farbkranz in der Abbildung 3, einem Farbkreis nachempfunden, zeigt nur eine kleine Auswahl der vielfältigen Nuancen bei Blumenfarben. Blüten zeigen fließende Farbübergänge und außerdem verändert einstrahlendes Licht ihre Farben stärker als bei anderen Farbträgern. Der biologische Prozeß innerhalb der Blüte verändert die Farbe ebenfalls. Jedem Blumenfreund ist das Farbspiel vom strahlenden Himmelblau bis zum Violett in der Vergißmeinnichtblüte bekannt. Auf Blütenfarben bezogen, wirken Grundfarben und Mischfarben erster Ordnung leuch-

tend und klar, Pastellfarben fein und zart. Ein Beispiel ist die Wicke. Mischfarben zweiter Ordnung, Oliv oder Braun, sind als Blumenfarben selten anzutreffen. In Samen- oder Fruchtständen findet man sie dagegen häufiger. Sie sind mit ihrer Farbwirkung gut zur Ausgestaltung des Innenbereiches eines Gesteckes oder Straußes geeignet, aber sie besitzen keine große Leuchtkraft.

Bänder oder andere textile Artikel zur Ausstattung eines Tisches in getrübten Farbtönen behalten nur bei ausreichendem Licht ihre Wirkung. Bei geringem Licht erscheinen sie leicht trübe.

Farben benötigen in jedem Falle Licht und Farbpartner, um wirken zu können. Eine leuchtende Farbe verliert ihre Intensität, wenn ein trüber Farbton hinzugefügt wird. Sie erhöht sich, gesellt man ihr einen hellen Farbton hinzu. Helligkeitsabstufun-

gen sind ebenfalls wirkungssteigernd. Die Schwarz-Weißfotografie zum Beispiel lebt von den unterschiedlichen Hell-Dunkelkontrasten. Das vielfältige Grün der Natur zeigt dies als lebendiges Beispiel.

Die Oberflächenstruktur eines Blütenoder Laubblattes beeinflußt die Farbwirkung ebenfalls. Man spricht dann von einem samtigen Rot bei Rosen oder einem metallischen Grün beim Gummibaum. Noch tiefer und schwerer wirkt Rot auf samtigen Stoffen. Eine glatte, gelackte Oberfläche läßt ein kräftiges Rot leichter erscheinen. Ebenfalls tritt eine veränderte Wirkung bei Papier als Farbträger auf. Eine zarte, duftige Serviette aus Seidenpapier läßt die Farben durch die stoffliche Erscheinung licht erscheinen. Festes, dickes Papier hingegen wirkt häufig stumpf.

Die Wirkung einer Farbe kann durch Hinzufügen einer zweiten Farbe beeinflußt werden. Ein einfarbiger Strauß auf ein gleichfarbiges Tischtuch gestellt, hat eine stille, ruhige Wirkung. Verändert man den Untergrund, zum Beispiel durch ein helleres oder dunkleres Tischtuch, oder gar in einer Kontrastfarbe, erhält der Strauß eine stärkere Wirkung. Der stärkste Kontrast ist der Komplementärkontrast. Das heißt, die Farben, die sich im Farbkreis gegenüber liegen, stehen im größten Kontrast zueinander. Das sind die Farben Violett zu Gelb, Rot zu Grün und Blau zu Orange. Wenn die Farbgebung stiller und zurückhaltender sein soll, sind Nachbarfarben sinnvoll, das sind die im Farbkreis nebeneinander angeordneten Farben wie Gelb, Orange, Rot oder Violett, Blau, Grün.

Die unterschiedliche Mengenverteilung der Farben bestimmt maßgeblich die Wirkung bei der Anwendung in einem Arrangement. Gleiche Farbanteile haben eine ruhigere Wirkung als der Viel-Wenig Kontrast, der Quantitätskontrast. Neben der Menge und Intensität einer Farbe spielt auch die Dominanz der Blume als Farbträger eine bedeutende Rolle.

Auch die Wirkung der Farben auf das Empfinden des Betrachters ist ganz wesentlich. Beim Anblick von blauen Farbtönen empfinden wir Kühle, aber auch Ferne. Orange und Rot vermitteln das Gefühl von Wärme und Nähe. Diese Empfindungen können durch die Oberflächenwirkung noch gesteigert werden. Blaue Iris in einem Glasgefäß wirken kühl, aber auch frisch. Besonders an heißen Sommertagen kann ein derartiges Arrangement erfrischend wirken. Goldgelbe und orangefarbene Sonnenblumen und Dahlien vermitteln eher die Wärme eines Sommertages.

Eine Beeinflussung der Stimmung durch die Farben der Blumen sollte im Tischschmuck bewußt eingesetzt werden. Wird ein Tischschmuck zu einem ernsten Anlaß benötigt, sind Blumen in stillen Farbtönen, zum Beispiel in Purpur, Violett bis Blau in unterschiedlichen Nuancen zu empfehlen. Die Floristen nennen diese Zusammenstellung »Harmonie mit kleinen Kontrasten«.

Grün in verschiedenen Farbabstufungen in Verbindung mit Weiß oder Gelb erzeugt ebenfalls eine stille, ruhige Stimmung.

Wird dagegen ein fröhlicher und heiterer Verlauf des Festes erwartet, sind bunte Blumen in abgestuften Farbmengen geeignet. Bei einem Frühlings- oder Ostergebinde kann die Farbe Gelb dominieren. Den Sommer verkörpern eher die drei Grundfarben Rot, Blau und Gelb: sogleich denkt man an Mohnblumen, Kornblumen und die gelbgepunktete Kamille am Kornfeldrand. Der Herbst bringt viele Bronze- und Gelbtöne in den Blättern und in den noch verbliebenen Blüten. Ergänzt mit Bordeauxrot und Olivgrün vermittelt ein Tischschmuck in dieser Farbabstufung den Eindruck der herbstlichen Jahreszeit.

Der Einfluß des Raumes

Jeder Raum hat seine eigene Ausstrahlung, die durch die Auswahl der Farben bestimmt wird. Enthält er viele Brauntöne, sei es durch eine Holzvertäfelung oder durch dominante Möbelstücke, kann er warm, aber auch sehr dunkel wirken. Würde dieser Ausstrahlung durch Lichteffekte oder Hinzufügen kühler Farben wie Blau, Grün oder Weiß entgegengewirkt, sollte diese Veränderung bei der Auswahl der Blumen für einen Tischschmuck bedacht werden.

Eine besondere Bedeutung kommt der Beleuchtung zu. Dunkle Blumenfarben in den Farbbereichen Violett, Blau und Grün reagieren auf gelbes Licht sehr unvorteilhaft. Im gelblichen oder bläulichen Kunstlicht verlieren sie ihre Leuchtkraft. Maßgeblich wird die Farbigkeit eines Raumes durch Gardinen, die Ausgestaltung des Fußbodens sowie die Farbe der Zimmerdecke beeinflußt. Möchte man diesen Farben Blumenfarben zuordnen, erkennt man schnell, wie wichtig der bewußte Umgang mit Farben ist. Räume können jedoch auch sehr viel Kühle und Distanz vermitteln. Betont wird dieser Eindruck nicht nur durch klare Formen und glatte, spiegelnde Oberflächen, auch große, weite Räume

derspiegeln (Abbildung 27 und 31). Die Johannisbeeren und der Lavendel zu stilisierten Baumformen aufgesteckt und in einfache Tontöpfe gestellt, passen in die Gartenwelt ebenso wie Mohnblumen- oder Rosenblätter, die auf eine Kugel geklebt und mit Schmuckdraht oder Wolle verziert werden.

Rustikal wirkende Spätsommerblumen wie Astern und Sonnenblumen auf dem Steintisch im Festraum »Wald« ergänzen sich (Abbildung 52).

Ist der Festraum im Restaurant mit Möbeln und Dekoration einem bestimmten Einrichtungsstil zuzuordnen, sollte man sich beim Gestalten des Blumenschmukkes darauf einstellen. Die Bestuhlung einer großen Tafel sowie die Gardinen dürfen in ihrer Wirkung auf den Blumenschmuck nicht unterschätzt werden. Sehr dominante Muster in Vorhängen finden sich häufig in textilen Bezügen der Stuhllehnen wieder und können dann in Farbe und Form die Wirkung der Blumen oder der Arrangements empfindlich stören. Hier helfen nur gut ausgewählte Farben und Gestaltungsmittel.

Sind Farben im Gleichklang mit einer dominierenden Farbe der Umgebung gewählt, wirken sie oft langweilig und monoton. Eine Kontrastfarbe erhöht die Spannung und ist meistens wirkungsvoller. Starke Kontraste sind zum Beispiel Blau und Violett zu Kress oder Gelb. Noch stärker ist der Kontrast zwischen Rot und Grün. Ebenso kann eine starke Wirkung erzielt werden, wenn eine Farbe aus einem vorhandenen Muster in den Blumenschmuck übernommen wird, dort dominiert und durch weniger starke Blumenfarben aus dem Bereich der Pastelltöne ergänzt wird. Die Farbe Grün darf bei Blumen nie fehlen, denn erst durch grüne Blätter bekommen Blütenfarben ihre leuchtende Lebendigkeit.

Es empfiehlt sich, auch die Form des floralen Tischschmuckes auf die Art der Einrichtung abzustimmen. Ein mit schweren Möbeln ausgestatteter Raum verlangt nach einem üppigen, dekorativen Blumenschmuck. Leichte und zierliche Arrange-

Abbildung 4
In Verbindung mit einem Blätterband können mehrere Chrysanthemengestecke auch eine lange Tafel schmücken.

Kleinblumige Chrysanthemen
Ligusterbeeren und -blätter
flache Schale
Steckmasse
Paketband
Herbstblätter

und blendendes Licht verstärken diesen Eindruck. Geschickt plazierte Pflanzen, Kunstgegenstände, Wohnelemente und Textilien können diesen Eindruck günstig beeinflussen. Ein klar gestalteter Blumenschmuck und gut gewählte Farben der Blumen können die günstige Wirkung des Raumes steigern und zusätzliche Akzente setzen. Einige Beispiele mögen dies verdeutlichen.

Ein Wohnzimmer vermittelt das Gefühl des Persönlichen und Überschaubaren. Eine Kantine dagegen, die vielen Menschen Platz bieten soll, wirkt manchmal sehr nüchtern. Zu einem Betriebsfest können ihre Tische mit wenig Aufwand durch einen floralen Tischschmuck verwandelt werden und es kommt mehr Atmosphäre und Gemütlichkeit auf (Abbildung 5).

Bei einem Garten- oder Waldfest im Freien kann der Gartenraum oder der Wald fester Bestandteil der Wirkung sein. Das wiederum sollte sich möglichst auch in der Auswahl der Gestaltungsmittel wie-

Abbildung 5
Tischschmuck für
ein Betriebsfest in
einer Kantine.

Rosen
Nelken
Bronzeblatt
Sonnenhutsamen-
stände
Strandflieder
Blaubeertriebe
Schraubenweide
Efeufrüchte
Farnwedel
flache Schale
Steckmasse

ments würden in dieser Umgebung nur eine geringe Wirkung zeigen.

Der Einfluß des Geschirrs

Auf schönes Geschirr wird in fast allen Haushalten viel Wert gelegt. Passend dazu werden gewöhnlich die notwendigen Ergänzungen wie das Besteck, die Trinkgläser und andere Elemente ausgewählt. Das Angebot ist vielfältig und in jedem Jahr erscheinen neue Formen in neuem Design. Alte klassische Formen haben jedoch ebenso ihren festen Platz in dem vielfältigen Angebot. Bei der Auswahl floralen Blumenschmuckes ist es wichtig, die Atmosphäre und den besonderen Reiz und Charme, den ein Geschirr ausstrahlt, zu erkennen. Die Form der Tassen, das Aussehen des Besteckes, die Farbigkeit des Dekors beeinflussen die Entscheidung, wie der Tischschmuck zu gestalten ist. Zu einem eleganten und aufwendig verzier-

ten Dekor sollten elegant wirkende Blumen verwendet werden. Strahlt das Geschirr edle Noblesse aus, muß es der Blumenschmuck ebenso. Das beginnt bei der Gefäßwahl für das Gesteck oder den Strauß. Zu einem Meißner Porzellan auf dem Tisch ist es ratsam, wenn das Gefäß sichtbar bleibt, ein schönes Porzellan oder edles Glas zu wählen.

Bei handgetöpfertem Geschirr bieten sich manchmal Geschirrteile als Gefäße für den Blumenschmuck an. Trinkbecher auf dem Tisch verteilt und unkompliziert mit hübschen Blumen, Gräsern, Zweigen, Blättern gefüllt, können einen zauberhaften Schmuck ergeben.

Das Dekor des Geschirrs bestimmt häufig die Blumenauswahl. Ist ein deutliches Blumenmuster vorhanden, zum Beispiel Rosenblüten oder Efeublätter, ist es reizvoll, dieses im natürlichen Schmuck zu wiederholen. Moderne Dekors zeigen oft stark wirkende grafische Muster oder eine starke Farbigkeit. Ein Detail aus dem Mu-

Abbildung 6
Der rot-weiße Horizontalstrauß paßt zu dem Geschirr von Annette Winter. In ihrer Wirkung verstärkt durch die schwarzen Bambusstäbe, leuchten die roten Hahnenkammbüschel und Kirschtomaten als dominante Gestaltungsmittel aus dem Grün der Blätter heraus.

Bambusstäbe schwarz gestrichen, Hahnenkamm Nelken Zierspargel (Asparagusranken) kurzer Zierspargel oder Buchsbaum Tomaten Euonymustriebe

ster des Geschirrs kann aufgegriffen werden, wie es zum Beispiel die Abbildung 6 zeigt. Die schwarzen Linien des Geschirrs finden sich in den schwarzen Stäben, die sich waagerecht durch den Strauß ziehen, wieder. Die vielen Linien auf dem Geschirr geben dem Dekor eine klare, formale Aussage, die durch die einfarbigen roten Blumen und Früchte als ruhende, kontrastierende Form unterstützt wird. Der weiße Akzent auf der linken Seite des Straußes betont die Grundfarbe des Geschirrs. Grüne Ranken und Blätter umspielen das Arrangement. In den Abbildungen 6, 7, 19 und 30 ist das gleiche Geschirr abgebildet. Die veränderte Farbe des Tischtuches und eine andere Art des Blumenschmuckes verleihen dem Tisch eine andere Wirkung. Es ist eine reizvolle Aufgabe, zu seinem Lieblingsgeschirr immer wieder einen neuen Blumenschmuck zu gestalten. Da Festlichkeiten und Feiern im Laufe des ganzen Jahres stattfinden und das Blumenangebot sich jahreszeitlich stark wandelt,

ergeben sich immer neue und reizvolle Möglichkeiten.

Beliebt ist auch eine Kombination aus neuem und altem Geschirr, die bei der Gestaltung des Blumenschmuckes eine besondere Herausforderung darstellt. Zu einem modernen Geschirr kann beispielsweise ein altes oder nostalgisches Gefäß für die Kaffeesahne oder den Zucker hinzugefügt werden, ergänzt durch alte Gebäckzangen und Tortenheber. Sie bestimmen so die Wirkung auf der Mitte des Tisches, der auch der Platz für den Blumenschmuck ist. Auf diese alten Gedeckelemente abgestimmt, bieten romantisch oder verspielt wirkende Arrangements einen harmonischen Anblick.

Weitere Schmuckelemente

Einen wesentlichen Anteil am Aussehen der Tafel hat das Tischtuch. Es bietet dem Geschirr den passenden Untergrund und

Rahmen. Sind Geschirr und Tafeltuch farblich und von der Oberflächenstruktur her aufeinander abgestimmt, ergeben sie die größte Wirkung. Die Servietten sind häufig aus dem gleichen Material wie das Tafeltuch und somit von gleicher Wirkung.

Wenn Servietten zu kunstvollen Figuren gefaltet und auf das Gedeck gesetzt werden, machen sie den Tisch sehr festlich. Der dazu passende Tischschmuck muß dann sehr üppig gestaltet werden und farblich sowie formal in der Lage sein, diese Konkurrenz mit einzubeziehen und mit ihr zusammen zu bestehen. Werden Servietten aus anderem Material verwendet, die außerdem mit einem auffälligen Muster verziert sind, sollte man ihre Wirkung auf das Gesamtbild des Tisches nicht unterschätzen. Auch wenn sie in der Farbgebung auf das Tischtuch und das Geschirr abgestimmt sind, dominiert trotzdem oft das Muster. Die Frage ist dann, wirkt es romantisch, graphisch oder sachlich? Werden die Servietten auf dem Gedeck kunst-

voll und raffiniert drapiert oder nur schlicht aufgelegt?

Ein zusätzliches Schmuckelement auf der Tafel sind Leuchter und Kerzen. Auch hier spielen die Farbe und die Form eine wichtige Rolle. Das Erscheinungsbild eines eleganten Silberleuchters ist ein anderes als das eines Kerzenhalters aus Holz oder Keramik. In jedem Fall sind sie dominante Schmuckstücke auf der Tafel.

Befinden sich Platzdecken oder Platzteller unter den Gedecken, bekommt die Tafel wieder ein anderes Gesicht und der Blumenschmuck muß sich gegen noch mehr Konkurrenz auf dem Tisch behaupten.

Eine besondere Herausforderung für die Anfertigung eines Tischschmuckes ist ein extravaganter oder kostbarer Tisch. Eine gemaserte, polierte Holzplatte oder eine geschliffene Steinplatte wird man nicht bei allen Festlichkeiten mit einem Tischtuch verdecken. Das passende Geschirr und die Ausstattung mit Blumenschmuck müssen

Abbildung 7
Gleiches Geschirr
und gleiche Farben
wie in Abb. 6, aber
doch eine andere
Wirkung.

Hahnenkammblüten
Paprikaschoten
Kirschtomaten in
Trauben
Kugelkerzen, etwa
6 cm Durchmesser
Knöterichranken
ohne Laub
Efeublätter
Moos
Messingdraht
rote Holzperlen
runde Keramik-
schale, 25 cm Durch-
messer
Steckmasse

23

dem Tisch seine Ausstrahlung bewahren, egal ob er rustikal, elegant oder extravagant wirkt. Tischplatten mit stark wirkenden Motiven, wie sie Intarsienarbeiten oder farbige Steinplatten enthalten können, sind eine Herausforderung für den Hobbyfloristen. Der Blumenschmuck kann sich dem Design anpassen (Abbildung 8), oder man kann dem Blumenschmuck einen neutralen Untergrund in Form eines kleinen Tischläufers oder einer farblich abgestimmten Platte aus Papier oder Textilien schaffen. Eine rustikale Holzplatte verträgt einen naturhaften Blumenschmuck, wohingegen eine glänzende Edelholzplatte ein elegant wirkendes Ar-

rangement erfordert. Ein Tisch mit einer Glasplatte bietet die Möglichkeit einer extravaganten Gestaltung, die bei entsprechender Tischgröße sogar unter dem Tisch angeordnet sein könnte. Die Art des Tisches bestimmt also entscheidend den Blumenschmuck. Ein Gleichklang in der gestalterischen Absicht zwischen Tisch, Geschirr und pflanzlichem Schmuck führt zu einer harmonischen Lösung. Ein bewußt eingesetzter Kontrast und ein Abweichen von der Harmonie erzeugt Spannungen. Je nach der Art der Feier oder Veranstaltung und dem Ziel der Gastgeber kann man sich für die eine oder andere Lösung entscheiden.

Planung von Tischschmuck

In den vorangegangenen Abschnitten wurden einige Grundsätze zum gedeckten und geschmückten Tisch beschrieben. Nun soll es um die Planung im Einzelnen gehen. Im privaten Bereich gibt es viele kleine, schöne Anlässe oder auch große Feste in angemieteten Räumen, und sie alle benötigen einen Blumenschmuck.

Für die Ausführung eines individuellen Tischschmucks sind die Personenzahl, der Platzbedarf pro Gedeck (siehe Seite 9) und der Anlaß der Feier wichtig. Ebenfalls sollte der Rahmen, in dem das Fest begangen werden soll, ganz klar sein. Welche Schmuckform und welche Technik angewandt werden soll, muß nach den Gegebenheiten bestimmt werden.

Vier Beispiele für eine kleine Runde zuhause

1. Beispiel

Anlaß: Frühstück oder Nachmittagskaffee.
4 Personen am runden Tisch.
Drei Vorschläge in heiterer, ungezwungener Atmosphäre:
1. Ein gebundener Strauß aus Wiesenblumen (Abbildung 16)
2. Ein rundes Gesteck aus Gartenblumen (Abbildung 9)
3. Gesteckter Kranz (Abbildung 26)
Alle vorgeschlagenen Arrangements benötigen den Mittelplatz des Tisches. Der Strauß in Abbildung 16 ist in der Blumen-

Abbildung 9
Aus Gartenblumen läßt sich gut ein allseitig dekorativ wirkendes Gesteck für den runden Tisch arbeiten.

Margeriten
Flockenblume
Frauenmantel
Polyantharosen
flache Schale
Steckmasse

auswahl auf das Wiesenblumendekor auf dem Geschirr abgestimmt und paßt gut zu einem sommerlichen Frühstück. Der Zeitaufwand zum Binden des Straußes ist gering, benötigt wird jedoch etwas Übung. Die Anleitung zum Binden eines Straußes ist auf Seite 36 zu finden.

Für das rund gesteckte Arrangement (Abbildung 9) wurde eine flache Schale mit wasserspeichernder Steckmasse verwendet. Kurze Gartenblumen wurden allseitig rund aufgesteckt. Bei einiger Übung ist der Zeitaufwand ähnlich wie für den Strauß anzusetzen. Anleitung Seite 47.

Der sommerliche Rosenkranz (Abbildung 26) verspricht eine festlichere Atmosphäre. Als Arbeitsmittel wurde eine wasserspeichernde Kranzform benutzt. Der dafür erforderliche Zeitaufwand ist größer. Da ein derartiges Arrangement jedoch sehr haltbar ist, kann es gut am Tag vor dem Fest angefertigt werden. Arbeitsanleitung Seite 54.

2. Beispiel

Anlaß: festliches Essen.
6 Personen am rechteckigen Tisch in gepflegter Umgebung.
Vier Vorschläge für eine elegant wirkende Dekoration:
1. Gelbe Calla, sparsam verarbeitet, wirken durch ihre klare Form ruhig und elegant (Abbildung 10)
2. Rote Rosen auf einer Silberplatte arrangiert, passen zu edlem Geschirr (Abbildung 11)
3. Eine Anordnung von Blumen und Ranken in zwei Gefäßen in eigenwilliger Form mit dekorativer Wirkung (Abbildung 12)
4. Edles Meißner Geschirr mit Weinlaubdekor verbindet sich mit dem jahreszeitlich bezogenen Gesteck aus Chrysanthemen und Weintrauben zu einer eleganten, dekorativ arrangierten Tafel (Titelbild)

Der Tisch ist beidseitig gedeckt. Der Platz in der Mitte des Tisches wird für den Blumenschmuck freigehalten. Die Speisenplatten finden an den Seiten genügend Raum. Der Tischschmuck muß sich, obwohl er den Mittelplatz einnimmt, dem Handlungsbedarf auf dem Tisch unterordnen. Wenn die Längsseiten der Gestecke, wie auf den Abbildungen erkennbar, lang herausgearbeitet werden und die Breitenausdehnung den zugedachten Raum nicht überschreitet, kommt es zu einer optimalen Wirkung.

Alle Arrangements wurden aufgesteckt. Für das Doppelgesteck in Abbildung 12 wurden zwei gleiche, halbkreisförmige Schalen verwendet. Die weich fließenden Baumwürgerzweige und Asparagusranken liegen auf verschlungenen, entblätterten Hopfenranken, die fest mit der Steckmasse verbunden sind. Der Transport eines Dop-

Abbildung 10
Mehrere Gestecke mit gelben Kleincalla und entlaubten Hopfenranken, über die sich Asparagus ziehen, können durch ein kontrastfarbenes Band verbunden, eine lange Tafel schmücken.

Kleincalla
Hortensienblüten
Eukalyptustriebe
Hopfenranken
großblättriger
Zierspargel
Messingteller
Steckmasse

pelgesteckes ist etwas schwierig, aber im häuslichen Bereich sind die Wege meist kurz.

Wenn ein Gesteck lang und schmal ausgearbeitet werden soll, ist es sinnvoll, während des Steckens ein Maßband zu Hilfe zu nehmen, um die richtigen Abmessungen einzuhalten. Eine schöne Ranke mit einem eleganten Schwung verführt den Gestaltenden leicht, die konkreten Maße zu vergessen.

Für das Arrangement auf dem Titelfoto wurde ein etwa 10 cm hohes Gefäß mit festem Stand gewählt, um den schwer herabhängenden Weintrauben genügend Freiraum bis zur Tischplatte zu geben, ohne das Tischtuch zu berühren.

3. Beispiel

Anlaß: zwangloses Beisammensein am Kamin oder an einem gemütlichen Sitzplatz bei Wein oder Kaffee.
6 bis 8 Personen am rechteckigen Tisch.
Drei Vorschläge für einen schnell herzustellenden Tischschmuck:
1. Ein gelegtes Potpourri aus getrockneten Blüten und duftenden Früchten (Abbildung 33)
2. Ein aufgestecktes Herbstarrangement auf einem Messingteller (Abbildung 13)
3. Rosen und eine Kerze auf einem flachen Teller passend zu einem klassischen Geschirr (Abbildung 40)

Alle Arrangements vermitteln eine gemütliche Stimmung. Durch das farbige Tischtuch in Abbildung 33 kommt der Messingteller mit dem gelegten Potpourri gut zur Geltung. Getrocknete Rosen und Blütenblätter erinnern an den Sommer. Die Quittenfrüchte verströmen einen angenehmen Duft. Bei synthetischen Duftstoffen, die häufig einem getrockneten Potpourri beigegeben werden, können die sehr intensiven Düfte manchmal als störend empfunden werden. Farblich abgestimmte Glaskugeln, Perlen sowie goldfarbener Zierdraht stehen im wirkungssteigernden Kontrast zu den getrockneten Blüten und Blättern. Der Arbeitsaufwand ist gering. Da die Gestaltungsmittel lange haltbar sind, kann das Arrangement einige Zeit zuvor angefertigt werden. Anleitung Seite 63. Der Tischschmuck in Abbildung 13 wurde wie in Abbildung 33 auf einem Messingteller aufgesteckt. Gelbe Chrysanthemen und ein fruchttragender Schlehenzweig sind die dominanten Gestaltungsmittel. Als Ergänzung wurden trockene Herbstblätter, Efeublätter und goldfarbener Messingdraht um den Stiel des Schlehenzweiges gewickelt. Auch hier ist der Zeitaufwand gering und das Gesteck kann ebenfalls gut einen Tag vorher angefertigt werden, da die Chrysanthemen und die anderen Gestaltungsmittel lange haltbar sind. Anleitung Seite 48. Herbstblätter von Eichen und Platanen trocknen im warmen Wohnraum schnell ein. Da sie nur lose dazu gelegt werden, kann man sie rasch auswechseln. Das Rosengesteck mit einer

Kerze im Mittelteil (Abbildung 40) ist auf einen Steckmasseblock, auf einer flachen Schale liegend, gearbeitet. Die Befestigung der Kerze wird auf Seite 53 beschrieben.

4. Beispiel

Anlaß: Käseraclette oder Fondue-Essen.
6 bis 8 Personen am rechteckigen, ovalen oder runden Tisch.
Zwei Vorschläge, die auf dem Tisch freien Raum belassen:
1. Ein Schmuck an der Lampe über dem Tisch. Ein etwas ungewöhnlich plazierter Schmuck, der keinen Platz auf dem Tisch benötigt (Abbildung 34)
2. Ein platzsparender Gedeckschmuck (Abbildung 47)
Zu diesem Essen wird der Tisch rundum besetzt. In seiner Mitte steht das Rechaud und jeder freie Platz wird für die dazugehörigen Beilagen benötigt. Deshalb wird, wenn der Eßplatz eine florale Ausgestaltung erhalten soll, eine kleine florale Verzierung an den Gedecken angebracht, zum Beispiel als Serviettenschmuck in Form eines kleinen Straußes oder als ein verziertes Bündelchen, oder die Lampe über dem Eßplatz wird als Träger für einen floralen Schmuck benutzt. Nicht jede Lampe wird sich dafür eignen. Die Abbildung 34 und Zeichnung 5 zeigen Vorschläge. Voraussetzung sind eine korrekt aufgehängte Lampe und leichte Gestaltungsmittel. Der Schmuck in der Abbildung hat ein Gewicht von 280 g. Wenn nur leichte Gestaltungsmittel eingesetzt und dünne Fäden oder Zierdrähte verwendet werden, kann ein ungewöhnlicher Schmuck über dem Tisch entstehen. Der Zeitaufwand hierfür ist mäßig groß. Bei einer ruhigen, handarbeitsgeübten Hand sollte das Auffädeln der Gestaltungsmittel kein Problem sein. Anleitung Seite 64.

Festessen für viele Personen im Restaurant oder einem ähnlichen Raum

Bei dem Planungsgespräch mit dem Gastwirt wird auch der Blumenschmuck mit einbezogen. Eine Möglichkeit ist, daß das ganze Fest in allen Details vom Restaurant gestaltet wird. Eine zweite besteht darin, für den Blumenschmuck ein Blumenfachgeschäft zu beauftragen. Dafür benötigt der Florist die gleichen Informationen, die man einholen muß, wenn man den Blumenschmuck selbst anfertigt: Die Maße des Tisches für die vorgesehene Personenzahl, wie der Tisch gedeckt werden soll, ob die Speisen angereicht werden oder auf dem Tisch stehen, die farbliche Ausstattung und der Einrichtungsstil des Raumes.

Das Planungsbeispiel sieht einen rechteckigen, beidseitig gedeckten Tisch vor, bei dem in der Mitte zwischen den Gedecken ein etwa 40 cm breiter Streifen frei bleibt. Wenn die Tafel etwa 5 m lang ist, ergibt sich ein freier Raum von etwa 4 m Länge, ideal für einen Tischschmuck. Ein Arrangement aus einem Mittelstück und zwei etwas kleineren Blumengestecken rechts und links davon angeordnet, können diesen Raum dekorativ füllen.

Ein wichtiges Element beim Ausschmücken einer großen Tafel sind Kerzen. Sie können im Gesteck direkt eingearbeitet oder in Leuchtern aufgestellt sein. Werden Gestecke wie in den Abbildungen 11, 12 und 14 zusätzlich mit gesondert stehenden Kerzenleuchtern kombiniert, füllen sie den Platz auf dem Tisch besser aus. Ein flach über den Tisch ausgelegtes Band, farblich abgestimmt, kann die Ge-

stecke und Leuchter optisch miteinander verbinden. Eine ähnliche Wirkung erzielt man, wenn Ranken weit aus den Gestecken herausgearbeitet werden und den Fuß der Leuchter locker umspielen.

Der Arbeitsaufwand für eine größere Anzahl von Gestecken kann groß sein, ist bei guter Planung aber rationeller als für

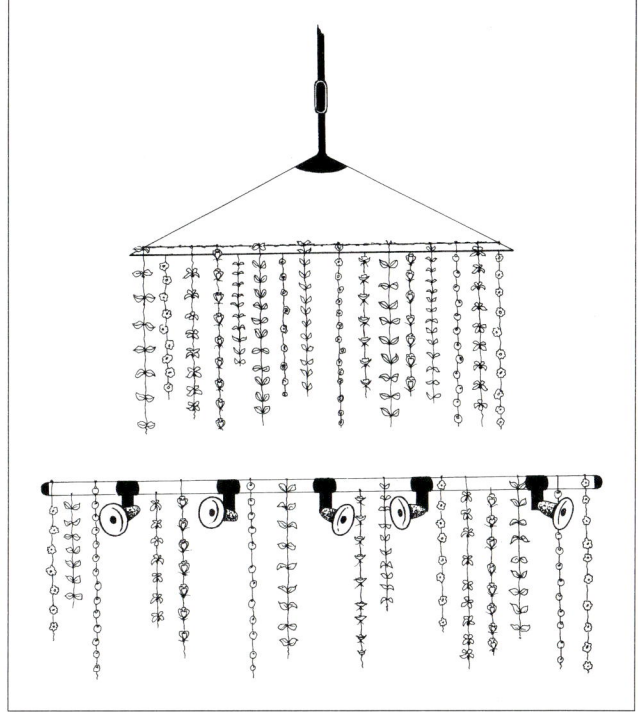

Zeichnung 5
Aufgefädelter Lampenschmuck über dem Eßplatz.

Abbildung 14
Eines von sechs Einzelgestecken für eine U-förmige Tafel.

Freesien
Strandflieder
kleinblumige
Chrysanthemen
Rosen
Bronzeblatt
Eukalyptus
Pistazienzweige
flache Glasschale
Steckmasse

ein Einzelgesteck und die Freude an einer gelungenen Dekoration ist noch größer.

5 Beispiele für eine große Tafel

1. Gestaltung mit viel Freiraum auf dem Tisch.
   Festlich und elegant wirkende Rosengestecke für eine Hochzeit oder Verlobung. Sie wirken romantisch durch die roten Rosen und die zusätzlichen Schmuckmittel (Abbildung 11)
2. Ein Familienfest im großen Kreis. Da auf der Tafel wenig Freiraum ist, werden lange, schmale Gestecke aufgestellt (Abbildung 14)
3. Sachlich und klar wirkende Gestecke für ein Geschäftsessen (Abbildung 12)
4. Ein Essen im Herbst oder zum Martinstag. Seine Wirkung ist heiter und ungezwungen. Durch das Geschirr und das Zubehör entsteht eine leicht rustikal erscheinende Tafel (Abbildung 15)

5. Für eine elegante, großzügige Tafel können überhohe Arrangements ein ungewöhnlicher Blickfang sein (Abbildung 1)

Fragen an das Restaurant für die Planung des Tischschmucks

1. Tischmaße
2. Plazierung der Gedecke und die Maße des Freiraumes zwischen den Gedecken, wenn der Tisch zweiseitig gedeckt ist.
3. Farbe und Material des Tischtuches und der Servietten
4. Farbe und Charakter des Geschirrs
5. Höhe der Gläser
6. dominante Raumfarbe
7. Beleuchtung des Raumes
8. Art des Service durch das Restaurant. Werden die Speisen vorgelegt? Stehen die Speisenplatten auf dem Tisch oder werden arrangierte Gedecke gereicht?

Abbildung 15
Rustikal und trotzdem elegant sind Geschirr und Blumenschmuck wirkungsvoll aufeinander abgestimmt.

Chrysanthemen
Fetthenne
Liguster
Schneebeeren
Zitronengeranie
Efeu
Gefäß
Steckmasse

Gestaltungshilfen für den floralen Tischschmuck

estalten heißt ordnen und formen. Floristen sprechen von der Gestaltungsart, die besagt, ob ein Arrangement symmetrisch-streng oder asymmetrisch-frei gestaltet wird. Da Tischschmuck in den meisten Fällen auf einer symmetrischen Unterlage in der Mitte des Tisches aufgestellt wird, wird er in der Regel symmetrisch gearbeitet. In Zeichnung 6a erkennt man den strengen Aufbau der Kegelgruppe leicht als Symmetrie. Die angedeutete Mittelachse zerteilt die Gewichte der Gruppe in zwei gleiche Teile. Zeichnung 6b zeigt dagegen die Asymmetrie. Hierbei sind die gleichen Kegelelemente in veränderten Abständen zur Mittelachse plaziert, aber trotzdem in einem ausgewogenen Gewichtsverhältnis zueinander angeordnet. Dies erreicht man durch Veränderungen der Abstände zueinander oder durch die unterschiedlichen Größen der einzelnen Gruppenelemente. Gestecke, die als Raumschmuck Verwendung finden sollen, werden häufig asymmetrisch gesteckt, denn sie wirken naturhafter und bieten die Möglichkeit, Landschaftsausschnitte wirklichkeitsnah nachzustecken. Solche Gestecke sind in Ausnahmefällen auch als Tischschmuck geeignet.

Wird der Tischschmuck symmetrisch gestaltet und in einem Gefäß aufgesteckt, kann seine Umrißform geschlossen und fast rund sein. Dadurch wirkt er ruhig und gesetzt. Im Gegensatz dazu kann mit leichten, schwingenden Blumenarten und vielen Freiräumen ein Gesteck mit lockerem Umriß gestaltet werden. Ein solches Arrangement wirkt heiter und beschwingt, ohne wild und ungeordnet zu erscheinen (Zeichnung 7).

Blumen haben einen wesensartigen Ausdruck. Eine edle, langstielige Rose oder die klar geformte Calla zeigen Eleganz und manchmal auch eine gewisse Distanz. Eine Handvoll Sommerblumen, zum Beispiel Astern, lassen den sensiblen Betrachter erkennen, daß sie nicht als Einzelblüte stehen sollten. Sie wirken in der Gemeinschaft am schönsten. Darum sollte man Blumen in einem Gesteck oder einem Strauß ihrem ideellen wie auch materiellen Wert entsprechend einsetzen. Das erfordert einen sensiblen Umgang mit jeder Blume und jedem Blatt, denn nur so können der Charakter und die Ausstrahlung

Zeichnung 6a
Schema einer symmetrischen Gruppe.

Zeichnung 6b
Schema einer asymmetrischen Gruppe.

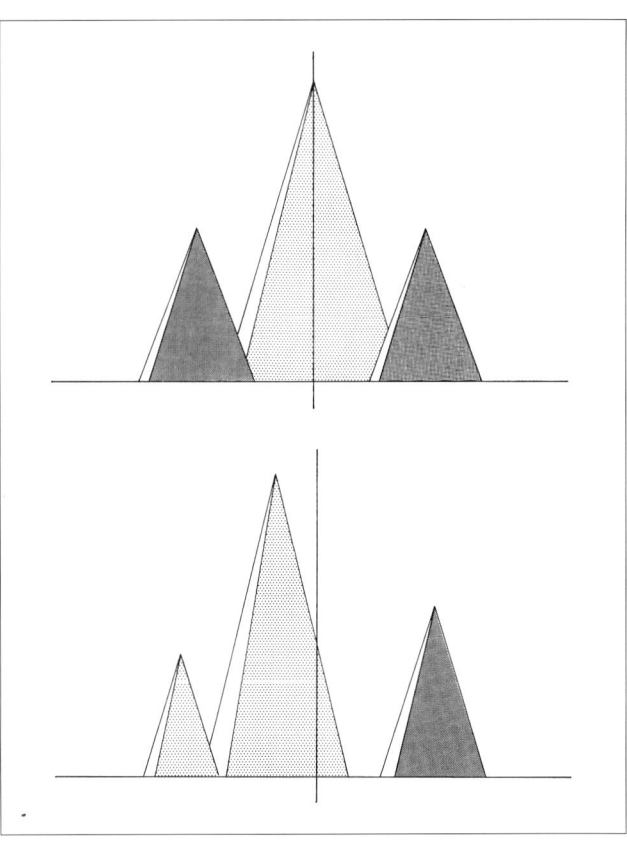

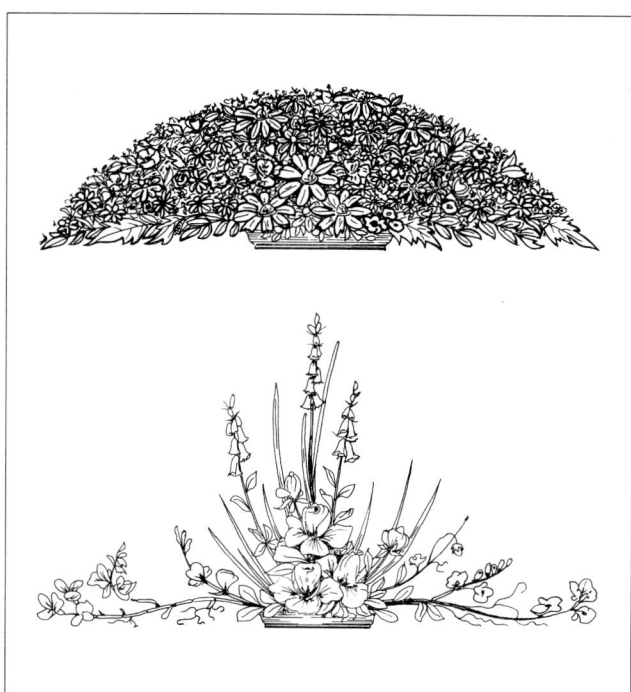

Zeichnung 7
Geschlossene
Umrißform (oben)
und lockere Umriß-
form eines Ge-
steckes (unten).

Freiraum. Ein weich fließender Birkenzweig hingegen kann im Strauß frei schwingend, aber auch als Bündel verschlungen Verwendung finden. Er dient dann als Auflage für noch weichere abfließende Bewegungsformen, wie sie Clematis-, Zimmerjasmin- oder Immergrünranken aufweisen, die ihre natürliche Schönheit nur zeigen, wenn sie auf einer Unterlage aufliegend verarbeitet werden.

Um den nach außen oder aufwärtsstrebenden, aktiven Bewegungsformen einen optischen Halt zu geben, müssen bei einem Gesteck wie bei einem Strauß die Mittelpartien, vom Floristen als Basis bezeichnet, verdichtet werden. Das bedeutet, daß mit runden und sammelnden Bewegungsformen, wie sie runde und auch farblich schwer wirkende Blumen aufweisen, der Mittelteil des Arrangements ausgestaltet werden muß. Sammelnde oder lagernde Bewegungsformen verkörpern alle runden Blüten und Blätter. Alpenveilchenblätter und das Bronzeblatt sind typische Vertreter dieser Form. Werden Rosen in einem Arrangement verwendet, steckt man die knospigen, kleineren Blüten nach oben und an den Außenrand. Die größeren, aufgeblühten werden im Innenteil angeordnet. Neben der tatsächlichen Ausgewogenheit in Form und Farbe ist auch die optische Ausgewogenheit zu beachten. Bei symmetrischen Anordnungen liegt der Schwerpunkt meist in der Mitte. Durch eine Mittenverdichtung wird dieser Eindruck verstärkt und die wegstrebenden Bewegungsformen werden stabilisiert (Zeichnung 9).

Blumen und Pflanzen sind von Natur aus schön und benötigen keine aufwendigen Manipulationen. Will man mit ihnen gestalten, sollte man ihre Formen bewußt einsetzen. Dabei ergibt es sich, daß starke Formen mit starkem Ausdruck dominieren und die schwächeren sich unterordnen oder ausweichen. Jedem Gestaltungsmittel soll trotzdem genügend Raum gewährt werden. Das heißt, daß Freiräume wichtige Wirkungsfaktoren sind und darum zu dicht angeordnete Blumen und Blätter ihre Wirkung verlieren.

eines Gestaltungsmittels erfaßt und eingesetzt werden und im fertigen Strauß oder Gesteck ihrem Wesen gemäß zur bestmöglichen Wirkung gelangen.

Neben ihrer wesensgemäßen Ausstrahlung zeigen Blumen, Blätter, Zweige und Ranken in ihrer Bewegungsform dem aufmerksamen Betrachter ihren Platz im Gesteck oder im Strauß an (Zeichnung 8). Zum Beispiel benötigen aufstrebende Blumenformen, wie man sie in der Gladiole erkennen kann, den Platz in der Mitte des Gesteckes oder Straußes, um zur Geltung kommen zu können. Andere wiederum sitzen auf einem hohen Schaft und breiten sich kraftvoll aus. Sie benötigen viel freien Raum, um wirken zu können. Lilien oder Amaryllis sind typische Vertreter dafür. Freesien haben eine ausschwingende Bewegungsform. Bei ihnen erkennt der Betrachter, daß sie an den Rand eines Tischschmuckes gesteckt werden sollten, es sei denn, sie besitzen starre, gerade Stiele. Zweige haben, wie der Schlehenzweig, häufig eine bizarre Bewegungsform und verlangen einen dominanten Platz mit

Gestaltungsmittel

Ein Gestaltungsmittel ist alles, womit gestaltet wird. Auf das Thema Tischdekoration bezogen sind es somit alle schmückenden Dinge, die sich auf dem Tisch befinden und sein Aussehen prägen.

Auf den ersten Blick könnte die Beschaffung all dieser Dinge schwierig erscheinen. Wenn man aber weiß, wo es welche Gestaltungsmittel zu kaufen, zu ernten oder zu sammeln gibt, kann es ein Vergnügen sein, zum Beispiel von einem Spaziergang einiges mitzubringen, das später einem Gebinde die typische Note geben kann. Genauso lohnend kann es sein, sich im eigenen Haushalt umzuschauen, welche verborgenen Schätze irgendwo schlummern, die einer floralen Anordnung erst das entsprechende Flair verleihen könnten. Ein hübsches Trinkglas, ein flacher Teller oder ein Tablett bieten eine Basis für einen Tischschmuck. In einer Schachtel liegen Muscheln und hübsche Steine, die im Urlaub an der See gesammelt wurden, sie sind ideale Gestaltungsmittel. Außerdem gibt es Wollreste und bunte Fäden, die sich sehr schön zum Umwickeln oder Auffädeln eignen. Das Gewürzregal in der Küche ist eine wahre Fundgrube und wenn es leer ist, kann es aus dem Gewürzladen rasch aufgefüllt werden. Zimtstangen und -röllchen sowie Ingwer kann man jedoch preiswerter in Bastel- oder Dekorationsgeschäften erwerben. Je häufiger man sich der Aufgabe stellt, einen Tischschmuck anzufertigen, um so leichter wird es, die Gestaltungsmittel zusammenzutragen. Der Erwerb in den Fachgeschäften wird die Hauptquelle sein. Beim Blumenkauf sollte man sich vertrauensvoll an ein Blumenfachgeschäft wenden und auch sagen, wozu man die Blumen verwenden will, denn unverarbeitete Blumen sind preiswerter und können schonender verpackt werden. Im Stammgeschäft wird sich immer eine Möglichkeit ergeben, Rat und Hilfe für die Ausführung des Tischschmuckes zu erhalten.

Zeichnung 8
Bewegungsformen von Pflanzen und Blüten.
Oben: aufstrebend, ausschwingend, aufstrebend sich entfaltend, allseitig sich entfaltend.
Unten: brüchig, spielend, abfließend, lagernd.

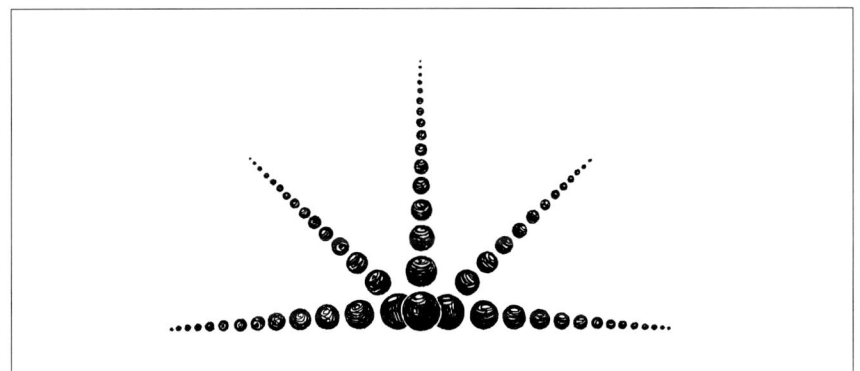

Zeichnung 9
Große Formen wirken lagernd und schwer, kleine Formen dagegen leicht und sie sollten deshalb über ihnen angeordnet werden.

33

Pflanzliche Gestaltungsmittel

Blumen, Blätter und Zweige haben als Gestaltungsmittel alle den gleichen Stellenwert. Blätter sind nicht nur Beiwerk, sondern sie beeinflussen wesentlich den Ausdruck eines Gesteckes. Darum sollten sie farblich, formal und jahreszeitlich zu den Blumen passen. Typische Sommerblumen, zum Beispiel Akelei, Sommerrittersporn und Freilandrosen können mit Gräsern und heimischem Laub stimmungsvoller verarbeitet werden als mit Eukalyptus- und Zimtblättern aus dem importierten Warenangebot. Genauso verlieren Perlhyazinthen, Maßliebchen und Primelchen als Vorfrühlingsblüher ihre Ausstrahlung, wenn ihnen Standardblumen wie Chrysanthemen oder Nelken, die das ganze Jahr im Angebot sind, beigefügt werden. Wenn man beim Erwerb der Gestaltungsmittel neben der farblichen Zusammenstellung auch derartige Überlegungen heranzieht, fällt die Auswahl leichter.

Steht ein Garten zur Verfügung, in dem Blumen, Blätter und Zweige geschnitten werden können, erweitert sich die Vielfalt der Gestaltungsmittel. Durch den gezielten Anbau von Sommerblumen und Stauden gibt es viele schöne Möglichkeiten zum Ernten und späteren Gestalten. Vom Blattwerk und von Gehölzen des eigenen Gartens kann man das ganze Jahr hindurch in Maßen ernten und mit einiger Übung wächst die Erfahrung, die Pflanze so zu beschneiden, daß ihre Gestalt nicht zerstört wird. Pflegeschnitte gehören zur Gartenpflege und geschickt gehandhabt, sind sie eine nicht versiegende Quelle. Fast alles kann geerntet werden. Dabei sind nicht nur Blütenstände schön, auch Samenstände und sich im Spätsommer oder Herbst verfärbende Blätter sind ein reizvolles Gestaltungsmittel. Für Wintersträuße oder winterliche Gestecke kann man nicht früh genug zu sammeln beginnen, bevor Regen und Schnee die Pracht der Pflanzenteile zerstört haben. Einige Gräser und Blätter werden erst durch den Einfluß der Witterung in ihrer Farbigkeit verändert und reizen dann zur Verarbeitung. Wenn diese gesammelten Gestaltungsmittel sensibel eingesetzt und zum Beispiel Christrosen und Schneeheide hinzugefügt werden, steigern sie die Ausstrahlung eines winterlichen Tischschmuckes, weil alle Gestaltungsmittel dem gleichen Lebensraum entnommen wurden. Fügt man hingegen rustikal wirkende Blätter und Samenstände zu eleganten Euphorbien oder exotischen Orchideen, stört man die Ausstrahlung dieser Pflanzen. Wirkungssteigernd wären Blätter und Früchte aus dem exotischen Bereich sowie elegante Bänder, die die dekorative Wirkung unterstreichen.

Tips für die Ernte, das Sammeln und die Pflege von Pflanzenteilen

Bei der Entnahme von Wildpflanzen und vieler anderer Dinge aus der Natur wie Steine, Samenstände, Moos, Früchte, Blätter, Gras, Rinde, Schneckenhäuser und anderem sind einige grundsätzliche Regeln des Arten- und Landschaftsschutzes zu beachten. Ein gutes Pflanzenbestimmungsbuch sollte jeder besitzen, um Pflanzen kennenzulernen und geschützte Arten genau bestimmen zu können.

Bevor Pflanzenteile entnommen werden, ist die Eigentümerfrage zu klären. Weg- und Straßenränder sind ebenso wie Feld- oder Waldränder meist öffentlich. Brachliegende Flächen beherbergen häufig eine üppige Wildflora mit interessanten Pflanzen. Nur bei Massenvorkommen kann man Pflanzen entnehmen. Nie eine einzelne, um ihren Standort kämpfende Pflanze schwächen oder zerstören! Die Pflanzen sollten auch nur in geringen Mengen aus der Wildflora entnommen werden, um die Bestände zu schonen. Bei der Entnahme ist ein scharfer Schnitt dem Abreißen vorzuziehen, weil dadurch die Wurzeln der Pflanze nicht beschädigt werden. Im Frühjahr sind die meisten Wildpflanzen als Gestaltungsmittel ungeeignet, da sie noch nicht ausgereift sind und rasch welken. Die Gräser machen dabei eine Ausnahme, sie sind haltbar und eine schöne Ergänzung für den jahreszeitlichen Tischschmuck. Im Frühsommer verspricht jedoch die Ernte mehr Erfolg, vorausgesetzt, die Pflanzen werden auf dem Transport pfleglich behandelt und gelangen rasch ins Wasser.

Bei den meisten Wildpflanzen verbessert eine Heißwasserbehandlung am unteren Stielende ihre Haltbarkeit. Das geschieht auf folgende Weise: Ein schützendes Handtuch wird um die oberen Pflanzenteile gelegt, dann steckt man das Stielende höchstens eine Minute in etwa 60 °C heißes Wasser, danach bis zum Verarbeiten in handwarmes Wasser. Sauerampfer, Kerbel, Kornblumen und Salomonssiegel halten sich so behandelt besser. Samen oder Fruchtstände sowie Gräser können unbehandelt verwendet werden.

Geranke und Geschlinge, beliebte Gestaltungsmittel für Tischschmuck im Strauß und im Gesteck, können im Wald oder auf vielen Freiflächen gefunden werden. Ihre Ernte erfordert häufig Geduld, weil sie ja, wie es ihre Art ist, verschlungen sind und sich vielfältig an den Nachbarpflanzen festhalten. Winden, wilde Wicken und Labkraut halten frisch verarbeitet gut, wenn ein großer Teil ihrer Laubblätter entfernt wird. Der Hopfen ist eine schnellwüchsige Wildpflanze und eignet sich erst im Herbst für eine floristische Verarbeitung, wenn er ausgereift ist. Die Hopfenblüte hat eine geringe Haltbarkeit und sollte daher kurzstielig verwendet werden. Die Hopfenähren dagegen sind im halbreifen Zustand geerntet am schönsten, da sie dann an der Ranke gut eintrocknen, ohne abzufallen. Die Laubblätter wiederum welken schnell und sollten gleich nach der Ernte entfernt werden. Da der Hopfen mit seinen oberirdischen Trieben im Winter abstirbt, kann man den ganzen Herbst und Winter hindurch die trockenen Schlingen ernten. Dann entfällt das mühsame Entfernen der Blätter. Das Gleiche gilt für den Windenknöterich, wenn man nur die geschlungenen Ranken benutzen möchte. Seine langen, schnellwüchsigen Triebe sterben im Winter nicht ab, sondern verholzen. Die entnommenen Ranken werden durch seine enorme Wuchskraft in der kommenden Vegetationsperiode schnell wieder ersetzt. Waldrebenranken sind im Herbst ebenfalls beliebte Gestaltungsmittel. Wenn man sie gleich nach der Ernte in eine Wasser-Glyzerin-Lösung einstellt, behalten sie ihre Elastizität und auch die glänzende Oberfläche der Samenstände bleibt erhalten. Sind die Samenstände an der Pflanze jedoch schon ausgereift, haben sie eine wollige Oberfläche und wirken eher rustikal. Je nach Länge der Ranken kann die Einstelldauer bis zu fünf Tage betragen. Die Wasser-Glyzerin-Lösung sollte aus einem Anteil Glyzerin und drei Anteilen Wasser bestehen. Viele andere Ranken, zum Beispiel auch Knöterich, lassen sich ebenfalls so behandeln und können damit vor der Trockenstarre geschützt werden.

Der Herbst, der immer eine reiche Ernte bietet, bringt Fruchtstände von Liguster und wilden Rosen, Früchte wie Kastanien und Eicheln und eine Vielzahl bunter Blätter, um nur einiges zu nennen. Bei jedem Spaziergang sollte man sich umschauen, ob nicht hier und da etwas wächst, das irgendwann Gestaltungsmittel in einem Gesteck sein könnte. Hainbuche und Ahorn sind in manchen Jahren üppig mit interessanten Samenständen besetzt, die ohne große Mühe geerntet werden können. Diese Samenstände sind wunderschön in Gestecken für die Basisgestaltung oder an nur kurzen Zweigen hängend und herausschwingend zu verwenden.

Im Winter kann sogar ein Spaziergang in der Stadt reiche Ernte bringen. Viele Gemeinden lassen in dieser Jahreszeit die Grüngürtel vom Gartenamt auslichten. Riesige Berge von Zweigen warten danach auf den Schredder. Hier dürfte es keine Probleme geben, wenn man sich bedient. Mit der Rosenschere abgeschnittene Zweige, die im warmen Raum ins Wasser gestellt werden, treiben bald aus und sind schöne Gestaltungsmittel. Auch ohne Laub oder Blüten lassen sich Zweige reizvoll in florale Gebinde einarbeiten.

Tischschmuck
in verschiedenen Techniken

Soll eine Idee für einen floralen Tischschmuck ausgeführt werden, bedarf es neben den Gestaltungsmitteln und den technischen Hilfsmitteln auch des Wissens, wie man ein Werkstück anfertigt. Tischschmuck kann gebunden, gesteckt, gelegt oder geklebt werden und einzelne Techniken können auch kombiniert werden. Auf den folgenden Seiten werden die wichtigsten Techniken an Beispielen erklärt.

Gebundene Sträuße

Der Strauß wird frei in der Hand zusammengenommen, geordnet und gebunden. Zuvor sind die Blumen, die gut gewässert sein sollen, zu säubern und von Schadstellen zu befreien. Bei der Auswahl der Blumen, Blätter und Zweige ist vorher schon die Größe des geplanten Straußes zu beachten. Alle Blätter und Seitentriebe, die später unter der Bindestelle sein werden, sind zu entfernen. Soll der fertige Strauß eine Höhe von etwa 20 cm haben,

sollten die Stiele, von unten gesehen, 8–10 cm hoch entblättert werden. Blätter, die am Stiel bleiben und mit dem fertigen Strauß in das Vasenwasser gelangen, fördern die Fäulnis und verschmutzen das Wasser, was besonders bei Glasvasen unschön ist. Für runde, sich allseitig ausbreitende Sträuße, wie in Abbildung 16, legt man die Stiele der Blumen spiralförmig aneinander. Eine weitere Methode, einen Strauß zu binden, ist das parallele Anlegen der Stiele, so daß ein gleichmäßig starkes, zum Teil auch gestalterisch wirksames Stielbündel entsteht (Zeichnung 10). Je nach Art der Blumen ist die eine oder die andere Methode anzuwenden. Die beiden Methoden dürfen jedoch nicht miteinander vermischt werden. Der Vorteil des spiralförmigen Anlegens ist der, daß schwingende und leichte Blumen im runden Strauß, in bauchige Gefäße eingestellt, gut zur Geltung kommen. Den parallel angelegten Strauß bevorzugt man bei Blumen mit geraden und starren Stielen. Hochgestellte Blüten kontrastieren reizvoll mit Gerank oder abfließenden Blütenformen. Runde Sträuße, die dem Bidermeierstrauß nachempfunden sind, werden meistens parallel angelegt.

Der spiralig angelegte Strauß

Bei jeder Methode des Straußbindens ist die linke Hand die haltende Hand, die rechte Hand fügt Stiel für Stiel hinzu. Man beginnt in der Regel mit den geraden Blüten, die die Mitte bilden sollen und hält die Stiele zwischen Daumen, Zeige- und Mittelfinger (Zeichnung 11). Bei Linkshändern ist die rechte Hand die Haltehand. Bei einem spiralig angelegten Strauß legt man die folgenden Stiele immer im gleichen

Zeichnung 10
Links: radial gebundene Stiele.
Rechts: parallel gebundene Stiele.

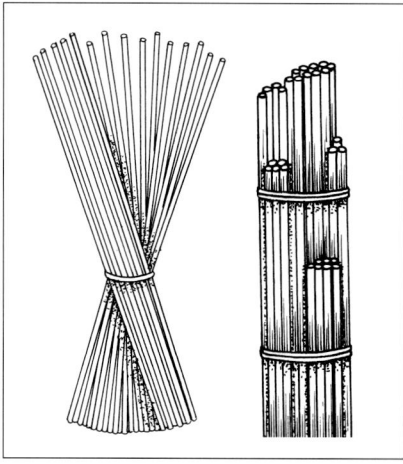

Winkel und in gleicher Richtung an, so daß sie alle um einen gedachten Punkt innerhalb des Stielbündels angeordnet sind. Sollte dabei das Haltevermögen der Finger überschritten werden, benutzt man die ganze Hand. Um eine gleichmäßige Form zu erreichen, kann der werdende Strauß durch einen Wechsel in die rechte Hand und dann mit einer Drehung zurück in die linke gedreht werden. So kann immer von allen Seiten in gleicher Richtung an den wachsenden Strauß angelegt werden. Es erscheint schwierig und es erfordert auch einige Übung und Geduld, aber es läßt sich erlernen. Der Vorteil dieser Methode sollte überzeugen. Die Blumen finden aneinander mehr Halt und das vorsichtige Hinzufügen zur Mitte oder eine Veränderung der Blumen in der Höhe läßt sich problemlos bewältigen, ohne daß die ganze Anordnung zerfällt. Durch das gleichmäßige Anlegen liegen die Stiele eng aneinander. Wenn nun der Bindebast im Kreuzungspunkt aller Stiele herumgebun-

den wird, bekommt der Strauß einen festen Halt, ohne daß die Stiele beschädigt werden. Die Bindestelle soll möglichst schmal und der Größe des Straußes angemessen sein. Nach dem Binden werden die Stiele der Blumen auf die passende Länge für die Vase gekürzt. Nach einer Regel für die Straußbinderei sollte die Länge der Straußstiele unterhalb der Bindestelle ein Drittel der Gesamtlänge betragen. Ein scharfes Messer macht einen sauberen Schnitt. Sind Stiele von Gehölzen zu kürzen, ist eine Rosenschere ratsam. Niedrige Kugel- oder Bechervasen eignen sich gut für solche Sträuße. Eine Einstellhilfe ist selten notwendig, wenn die Stiele so verkürzt werden, daß der Rand des Straußes auf dem Vasenrand aufliegt.

Parallel gebundene Sträuße

Kugel- oder Bechervasen eignen sich auch für einen runden Strauß, wie in Abbil-

Abbildung 16
Ein gebundener, sommerlicher Tischschmuck in einer Kugelvase für den Frühstückstisch.

Glockenblumen
Kleeblüten
Margeriten
Flockenblume
Salbei
Frauenmantel
Gras
Sauerampfer
Akeleiblätter
Elfenblumenblätter
Bindebast

dung 17. Dieser Strauß ist parallel gebunden. Etwa 50 Ahornblätter werden zu einem runden, kuppelförmigen Bündel zusammengefügt. Frühlingsfrische Blätter sind ungeeignet, sie welken zu schnell. Sommer- oder Herbstblätter hingegen sind ausgereift und sehr haltbar. Die Blätter sollten alle die gleiche Größe haben, dadurch erhält man eine exakte Außenform. Statt der Ahornblätter können auch Platanenblätter Verwendung finden. In das Blätterbündel wurden vor dem Binden die Pompondahlien und die hängenden Fuchsschwänze eingezogen. Farbliche Akzente setzen zum Schluß die Zweige des Perückenstrauches und Samenstände vom Rizinusbaum. Der Bastfaden wird etwa drei- bis viermal um die Stiele herumgeführt, verknotet und die überstehenden Enden werden sauber abgeschnitten.

Der parallel angelegte Stehstrauß in Abbildung 18 zeigt wirkungsvoll seine langen Stiele und ist mit zwei Bindestellen versehen. Eine der Bindestellen, im Bild

38

Abbildung 17
Blätterstrauß,
parallel gebunden.

Ahornblätter
Fuchsschwanz
Pompondahlien
Triebe des Perük-
kenstrauches
Rizinusfrüchte
Bast
Vase

nicht erkennbar, befindet sich am Fuß der Stiele und die andere ist unterhalb der Stelle angelegt, an der sich die schwingenden und rankenden Gestaltungsmittel ausbreiten. Jeder Bereich der gebundenen Pflanzenteile ist für die Gestaltung wichtig und muß sichtbar bleiben.

Der abgebildete Strauß ist im Herbst entstanden. Eine Frühlings- oder Sommervariante ist möglich, wenn beispielsweise statt der Knöterichranken rosa blühende Waldreben über trockenem Altgerank oder zusammengelegten, entblätterten Birkenzweigen angeordnet werden. Die abfließenden Bewegungsformen, wie sie die grünen Schwänze des Fuchsschwanzes aufweisen, können im Frühlingsstrauß durch Efeu oder Immergrün ersetzt werden. Dabei müssen dann die Blätter an den Ranken, die im Bereich des aufsteigenden Stieles sitzen, entfernt werden. Den Platz der roten Ebereschenbeeren könnten auch farblich passende Rosen mit langem Stiel einnehmen.

Ein weiteres Beispiel für einen Steh-strauß zeigt die Abbildung 19. Um diesen Strauß zu gestalten, werden die Schachtelhalmtriebe, in diesem Fall eine Kulturform, parallel aneinander gelegt und vor dem Binden mit einem Gummiband als Hilfshalterung zunächst einmal fixiert. Zu diesem Bündel kommen die Stiele der Hahnenkammblüten ebenfalls parallel hinzu und werden gleichfalls mit dem Gummiband provisorisch gehalten. Im nächsten Arbeitsschritt folgt das große Aralienblatt. Das Schachtelhalmbündel wirkt sehr schlank. Durch Herausknicken einiger am Außenrand des Bündels stehender Triebe bekommt der Strauß mehr Volumen und eine stärkere, grafische Wirkung (Zeichnung 12). Die Kulturform des Schachtelhalms bietet sich durch ihr Aussehen und den rohrartigen Aufbau der Triebe für diese gestalterische Variante an. Andere Gestaltungsmittel, die als Stehbündel benutzt werden können, verlangen einen anderen Umgang. Wenn kein Schachtelhalm zur Verfügung steht, können andere gerade Stiele oder Ruten verwendet werden. Besonders geeignet sind die Stiele vom Wucherknöterich, glatte Sonnenblumenstiele ohne Blätter, Bambus, unverzweigte Cornuszweige oder ähnliche gerade Triebe. Die Asparagusranke und die

Weintraube bilden den Abschluß. Die Weintraube sollte einen langen Stiel haben, damit sie in die Bindestelle eingebunden werden kann. Die etwa 3–4 cm über den Stielenden angebrachte breite Bindung mit Bast kann auch durch eine andere, mit einem farblich auf den Strauß oder das Gefäß abgestimmten Band ersetzt werden. Wenn der Strauß unten gebunden ist und die Stielenden glatt geschnitten sind, kann er selbst stehen. Nun wird die zweite, obere Bindestelle zum Bündeln der Schachtelhalmtriebe angebracht. Das möglicherweise noch sichtbare Hilfsgummiband kann nun durchtrennt und entfernt werden. Bei zierlichen Stehsträußen ist eine Stehhilfe sinnvoll. In einem flachen Gefäß hilft ein nicht zu kleiner Steckigel. Zusätzlich können farblich passende Steine oder Glaskugeln eine Stehhilfe sein und der Weintraube als Unterlage dienen, damit sie nicht mit dem Wasser in Berührung kommt.

Neben dem Stehstrauß ist der waagerechte Strauß oder Horizontalstrauß eine interessante Lösung für einen Tischschmuck (Abbildung 6). Als dominante Gestaltungsform benötigt man hierfür ein gerades, formal streng wirkendes Stielbün-

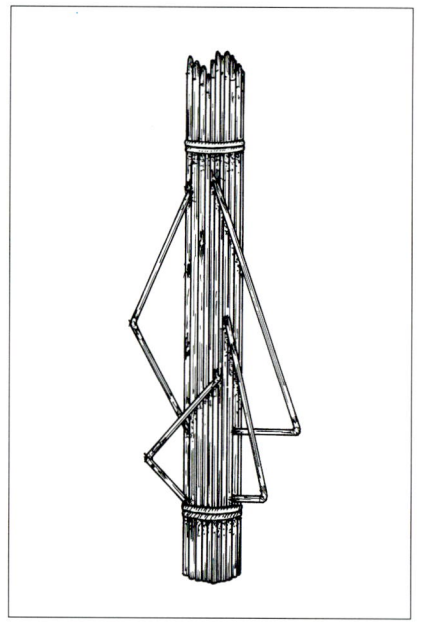

Abbildung 19
Das schwarz-weiße
Geschirr von
Annette Winter aus
Berlin erzielt auf
hellem Untergrund
wieder eine andere
Wirkung als in
Abbildung 6 und 7.

Herbstlicher
Stehstrauß:
Kulturschachtelhalm
Hahnenkamm
Aralienblatt
Weintraube
Asparagusranke
Bast
Kenzan (Steckigel)
Steine
flache Schale

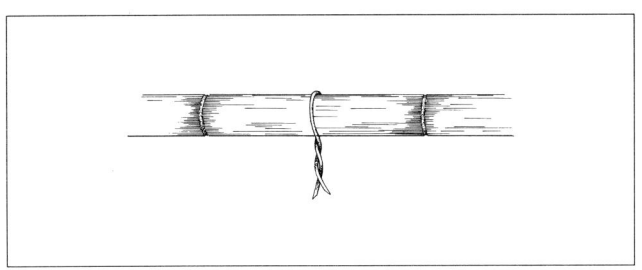

del oder eine weicher wirkende Ranken-
bündelung. In beiden Fällen muß die waagerechte Bündelkonstruktion angedrahtet
werden, damit sie fest im Werkstück eingebunden werden kann. Am sichersten
geschieht das durch starke, mit Kautschuk-
band umwickelte Drähte. Die Umwicklung
ist nützlich, da sie bei empfindlichen Gefäßen eine mögliche Schädigung der Glasur
durch den rostenden Draht verhindert und
beim Andrahten glatter Stiele den Draht
griffiger macht. Ein weiterer Vorteil besteht darin, daß beim Binden des Straußes
abgewickelte Drähte zwischen glatten Blumenstielen besseren Halt finden. Zum Binden des Straußes werden die Stäbe einzeln
oder zu zweit in der Mitte zusammengefaßt und angedrahtet (Zeichnung 13). Die
Drähte der angedrahteten Querstäbe werden zuerst in die Hand genommen. Damit
die Drähte in der Hand besser zusammen-
halten, wird kurzes, festes Blattgrün hinzugefügt. Nach und nach werden die anderen Gestaltungsmittel, wie Hahnenkamm und Nelken in die haltende Hand
gesteckt. Dabei ist besonders darauf zu
achten, daß alle Stiele nebeneinander liegen. Je mehr Stiele sich in der Hand befinden, desto fester wird das Bündel. Da
der Strauß, wie das Bild zeigt, wenig Höhe
hat, benötigt man zum Ausfüllen der Zwischenräume in der Mitte nur kurze Bündelchen eines kleinblättrigen Gestaltungsmittels, zum Beispiel Zierspargel oder
Buchsbaum. Die Ranken, die zu den Seiten
herausfließen, werden dagegen lang angelegt, denn die größte Ausdehnung des
Straußes verläuft waagerecht. Die schweren Tomatentrauben werden zuletzt, vor
dem Zusammenbinden, vorsichtig in die
kompakte Mitte des Straußes eingezogen.

Auf den Bambusstangen aufliegend, finden sie guten Halt. Wenn alle Gestaltungsmittel zusammengefügt und am richtigen
Platz geordnet sind, wird der Strauß über
der haltenden Hand fest mit Bast zusammengebunden. Für einen Tischschmuck,
der allseitig zu betrachten ist, müssen die
Gestaltungsmittel so angeordnet sein, daß
keine Rückseite entsteht. Ein Horizontalstrauß benötigt ein flaches, standfestes Gefäß, auf dem er auch aufliegen kann, ohne
seine Blüten und Blätter zu drücken.

Gebundener Tischschmuck als Girlande oder Kranz

Die gebundene Girlande

Um eine gebundene Girlande anzufertigen, werden nur ein Bindfaden und ein
Wickeldraht benötigt. Eine Girlande aus
buntem Wintergrün ist zur Adventszeit als
Tischschmuck, wenn auf dem Tisch nur
ein schmaler Streifen frei bleibt, platzspa-
rend und wirkungsvoll (Abbildung 20).
Zum Binden einer Girlande benötigt man
einen Bindfaden von der Länge der vorgesehenen Girlande plus ein Drittel des Fer-
tigmaßes. Wenn die fertige Girlande 75 cm
lang sein soll, muß der Bindfaden 100 cm
lang sein. Ohne Zugabe kann die Schnur
zum Aufbinden der Zweige zu kurz werden. Zur Kontrolle des Augenmaßes sollte
ein Maßband bereit liegen. Das Bindegrün
– in diesem Beispiel sind es Weißtanne,
Lebensbaum, Taxus und Buchsbaum –
wird in kleine Zweigstücke von 8–10 cm
Länge geschnitten, damit die fertige Girlande 10–12 cm breit werden kann. Wenn
die Girlande aus unterschiedlichem Grün
angefertigt werden soll, ist es vorteilhaft,
jede Grünart für sich auf der Arbeitsfläche
vorzubereiten und zu verteilen. Vor dem
Aufbinden wird an einem Ende des Bind-
fadens eine Schlaufe geknotet und der
Wickeldraht befestigt. Die Haltehand, meistens die linke Hand, hält den Bindfaden
mit dem angelegten Grün. Die rechte
Hand legt die Zweige an und führt, wenn
die gewünschte Stärke erreicht ist, den
Wickeldraht um das Grün auf der Schnur

und zieht den Draht fest an. Die nächste Partie Grün wird angelegt und der Draht zwei- bis dreimal herumgeführt und wieder fest angezogen. Damit man am Anfang der Girlande gleich die gewünschte Stärke erhält, muß der Anfang üppig ausgearbeitet werden, ohne die geplante Breite zu überschreiten. Nachfolgend werden die Zweige, immer an der linken Seite beginnend, in die Haltehand gelegt und zum rechten Rand der Girlande hinzugefügt. Bei einheitlichem Grün geschieht dies fortlaufend bis zum Ende der Girlande. Wird unterschiedliches Grün aufgebunden, kann es bunt gemischt angelegt werden oder auch streifenweise. Dabei sollte auf eine ausgewogene Verteilung der unterschiedlichen Grüntöne über die ganze Länge der Girlande geachtet werden. Der Abschluß der Girlande kann entweder durch eingebundene Äste als Stielenden, die am Bindepunkt mit Band kaschiert sind, gearbeitet werden oder durch gegenläufig angelegte Grünbüschel (Zeichnungen 14 und 15). Der Abschluß ist etwas

schwierig zu binden und diese Arbeit erfordert einige Geduld. Für die zweite Methode bindet man an dem freien Schnurende, wenn noch etwa 15 cm zu binden sind, gegenläufig noch einmal eine Partie, wie sie für den Girlandenanfang beschrieben wurde. Danach bindet man die Zweige, wieder aus der Hauptrichtung kommend, soweit wie möglich auf das schon angelegte Ende zu. Durch Hochbiegen und Ineinanderlegen der Zweige muß man nun versuchen, den Wickeldraht möglichst unsichtbar hindurchzuführen. Ist dies nicht mehr möglich, verknotet man den abgeschnittenen Draht an der Unterseite der Girlande. Sollte noch eine kahle Stelle bleiben, kann man kurze angedrahtete Grünbüschel einstecken. Diese Stelle kann auch durch eine Bandschleife verziert oder durch Zapfen, Kugeln oder ähnliches verdeckt werden.

Im Advent werden zum Verzieren der Girlande Zapfen, Früchte, Blätter, Gebäck und Schleifen als Schmuckelemente nachträglich eingesteckt oder aufgeklebt. Beim

Abbildung 20
Adventsgirlande.

Wickeldraht
Bindfaden
verschiedenes
Wintergrün
Lärchenzapfen
Cypressenzapfen
Band, 1 cm breit
Band, 10 cm breit
Zimtsterne als
Gebäck
bunte Holzweihnachtsmänner

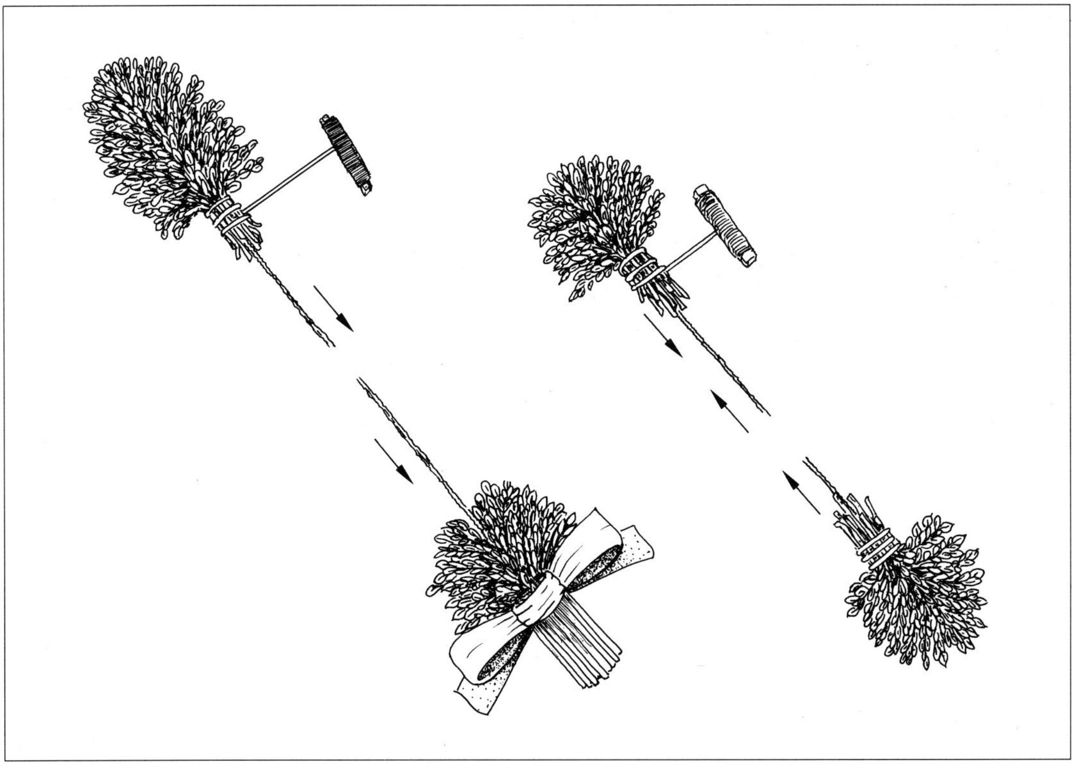

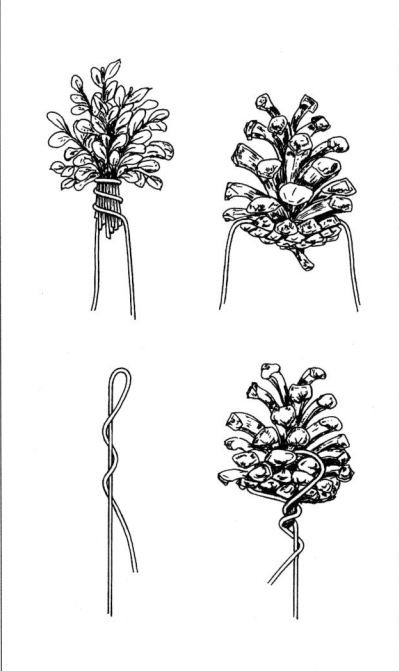

Zeichnung 14
Anfangs- und Abschlußphase einer gebundenen Girlande mit einge-bundenen Stiel-enden.

Zeichnung 15
Anfangs- und Abschlußphase einer gebundenen Gir-lande mit gleich aus-sehenden Enden.

Zeichnung 16
Angedrahtetes Grünbüschel und angedrahteter Zapfen.

Stecken der angedrahteten Schmuckteile führt man den Draht von oben in den Wulst (Zeichnung 16). Dabei werden die Zweige der Girlande leicht zur Seite ge-bogen, um sie nicht einzuklemmen.

Zu einer anderen Jahreszeit können Blü-ten, Früchte oder Bänder auf die gleiche Weise in eine Girlande aus Blättern einge-zogen werden. Am sinnvollsten fügt sich ein Band ein, wenn es lockerer um die Girlande geschlungen oder am Ende der-selben so zur Schleife gebunden wird, als sei die Girlande damit gebunden worden. Ein schmales Band zum Umschlingen und ein breites Band als Bindung am Ende, in der gleichen Farbe, sind so verarbeitet eine wirkungsvolle Verzierung.

Adäquate Gestaltungsmittel sind ausge-reifte Blätter von Ahorn, vom Frauenman-tel oder Blätter und Zweige vom Gewürz-beet. Bei zartem Grün, zum Beispiel bei Petersilie, sollte möglichst ein dünner Bin-dedraht mit der Handelsbezeichnung »Myrtendraht« Verwendung finden.

Eine ebenfalls leichte und duftig erscheinende Ranke erhält man, wenn als Untergrund eine farblich zu den Gestaltungsmitteln abgestimmte Kordel benutzt wird. Auf diese Kordel, die an ihren Endpunkten Knoten erhalten sollte, damit sie sich nicht aufribbelt, bindet man nun mit Schmuckdraht leichte, lange Ranken, zum Beispiel vom Zierspargel, locker auf. Über diese durchsichtige Unterform werden auf Draht aufgefädelte Einzelblüten von Hortensien oder Rosenblätter locker herumgeschlungen und befestigt. Aufgereihte andere Schmuckmittel können zur farblichen Ergänzung auf die gleiche Weise hinzugefügt werden. Die Endpunkte können dann noch mit schmalem, farblich abgestimmtem Schleifenband betont werden.

Wenn eine Blätter- und Blumenranke auf den Tisch gelegt werden soll und sie zuvor gewässert wurde, muß sie sorgfältig getrocknet werden. Ein saugfähiges Tuch oder Zeitungspapier leisten dabei gute Dienste. Bei empfindlichen Tischplatten ist eine wasserdichte Unterlage, zum Beispiel ein farblich abgestimmtes Folienband, als Schutz und Schmuck zugleich, zu empfehlen.

Gebundener Kranz

Für einen gebundenen Kranz benötigt man einen Reifen aus Draht oder aus gespaltenen Weidenruten oder anderen biegsamen Zweigen. Den Drahtreifen sollte man vor dem Bebinden mit Blumenwickelband abwickeln, da der Bindedraht sonst auf dem Reifen leicht verrutscht. Je nach Beschaffenheit des Bindegrüns entscheidet man sich für Wickel- oder Myrtendraht. Der Myrtendraht wird im Handel auf einer Spule angeboten und ist beim Binden sehr unhandlich. Darum ist zu empfehlen, einen Teil des Drahtes auf ein Hölzchen zu wickeln, um besser damit arbeiten zu können. Genau wie bei der Girlande sind zuerst die Maße des fertigen Kranzes festzulegen. Wenn der fertige Kranz einen

Abbildung 21
Adventlicher
Kerzenschmuck für
einen runden Tisch.

Reifen aus Metall
oder Holz
Wickeldraht
Wintergrün
Schmuckmittel

45

Zeichnung 17
Auf einen Reifen
gebundener Kranz.
1. Schritt: den
Reifen auf das
gewünschte Maß
bringen, fest binden.
2. Schritt: die elasti-
schen Zweigreste als
Wulst rundherum
auf den Reifen
binden.
3. Schritt: das Binde-
grün gleichmäßig
dick auf den Wulst
aufbinden.

Durchmesser von 25 cm erreichen soll, benötigt man einen Reifen von 15 cm Durchmesser. Beim Anlegen der Gestaltungsmittel ergibt sich rundherum eine zusätzliche Breite von 5 cm, so daß die gewünschte Endgröße von 25 cm erreicht wird. Zuerst schneidet man das Bindegrün wieder in 10 cm lange Zweigstücke. Die dabei anfallenden, biegsamen Zweigreste bindet man im ersten Durchgang glatt und fest auf den Reifen, um dadurch einen Wulst oder eine Unterform zu erhalten (Zeichnung 17). Man beginnt auf der linken Seite des Reifens. Dort wird der Bindedraht befestigt. Die linke Hand ist die Haltehand und umfaßt von unten den Reifen. Die rechte Hand legt, vom Außenrand beginnend, Zweige oder Blätter in die linke Hand ein. Danach führt die rechte Hand von der Innenseite des Kranzes kommend den Draht über den Kranz und durch leichtes Anheben des Reifens unter dem Kranz hindurch und wickelt durch zwei- bis dreimaliges Umwinden die angelegten Zweige fest. Da der Außenrand des Kranzkörpers deutlich größer als der Mittel- und Innenteil ist, muß außen häufiger Grün angelegt werden. Das häufigere Anlegen kann nicht durch längere Zweige ausgeglichen werden, da der Kranz durch lange Zweige an der Außenseite seine Form verlieren würde. Man legt das Grün von außen beginnend nur bis zur Mitte des Kranzes an und bindet dieses fest. Die zweite Par-

tie wird dann vom Außenrand über den ganzen Kranzkörper bis zu seiner Innenseite angelegt und gleichfalls festgebunden. Wenn man ungeübt ist, wird der Drahtverbrauch groß sein. Mit einiger Übung kommt jedoch die Routine. Bei unterschiedlichem Grün ist ähnlich wie auch bei der Ranke, auf die gleichmäßige Verteilung über die ganze Kranzrundung zu achten. Die Proportionen des Kranzes sollen ausgeglichen sein. Der Kranzkörper soll deutlich schmaler als die Kranzöffnung sein. Blüten oder Verzierungen durch Blätter können gleich mit eingebunden werden. Es ist jedoch praktischer, sie nach dem Binden des Kranzes einzustecken oder aufzukleben. Die Schmuckmittel können gleichmäßig gestreut angeordnet sein, wie die Rosen in Abbildung 26, oder asymmetrisch über den Kranz gezogen werden, wie bei dem Adventskranz mit der Kugelkerze in Abbildung 21.

Eine gebundene Tierfigur

Ein gebundenes Werkstück ist auch die Saurierfigur in Abbildung 22 als Tischdekoration für einen Kindergeburtstag. Die Hauptfigur des Tischschmuckes ist aus Heu und Draht gebunden. Zuerst wird die Unterform aus starkem, festem Draht in einer leicht gebogenen Linie vom Kopf bis zum Schwanz gebogen. Die kurzen Vorderbeine und die stärkeren Hinterbeine werden nachträglich eingesetzt. Nachdem die Länge des Drahtes bestimmt wurde, legt man am zierlichen Kopf beginnend, leicht gewundene Heustränge an. Der Heustrang wird um den Kopf herumgebogen, dann am Hals entlang geführt und mit dünnem Draht, Bindfaden oder fester Wolle umwickelt. Strang für Strang wird im Bereich des Körpers der Unterdraht in mehreren Schichten mit Heu ummantelt und mit Bindedraht umwickelt. Dabei wird die charakteristische Körperform schichtweise modelliert. Für die Beine werden Drahtstücke benutzt, die länger sein müssen als die vorgesehenen Beine. Sie werden nach dem Umwickeln mit Heu an den freien Enden mit etwas Kleber

bestrichen und in den Saurierkörper geschoben. Wenn die Abmessungen zwischen Schwanz und Hinterbeinen richtig aufeinander abgestimmt sind, muß der Saurier frei stehen können. In dem abgebildeten Beispiel wurden als Augen zwei rote Holzperlen mit Stecknadeln befestigt. Aufgesteckte Ebereschenbeeren eignen sich ebenso. Die Zapfenschuppen und Aprikosen, die den Panzer des Fantasiesauriers andeuten sollen, sind aufgeklebt und können durch Blätter oder andere, auf einem Spaziergang im Wald gesammelte Dinge ersetzt werden.

In einem Gefäß aufgesteckter Tischschmuck

Die häufigste Methode, Blumen als Tischschmuck zu gestalten, ist das Stecken der Blumen auf einen in einem Gefäß befestigten Steckmasseblock. Der Vorteil dieser Methode liegt darin, daß das fertige Arrangement gut transportiert werden kann, Blumen und Blätter gut mit Wasser versorgt sind und beim Anfertigen des Werkstückes im Gegensatz zum Strauß oder Kranz beide Hände frei sind.

Ein Gesteck mit Mittelpunktbetonung

Als anschauliches Beispiel soll das in Abbildung 23 gezeigte Gesteck besprochen werden. Zunächst werden die Blumen und das Gefäß ausgewählt und im Hinblick auf die Tischgröße und Personenzahl die Abmessungen des Gesteckes bestimmt. Im Vordergrund der Abbildung ist das angefangene Gesteck in einer quadratischen, flachen Schale, mit den Abmessungen 10×10 cm und mit einem nassen Steckmasseblock gefüllt, sichtbar. Der Steckschwamm überragt den Gefäßrand um ungefähr 1,5 cm. Die Kanten des Steckschwamms werden mit dem Messer leicht abgeschrägt, denn die scharfen Kanten bieten den Blumenstielen wenig Halt und Feuchtigkeit. Man beginnt mit den Blättern im Mittelteil des Gesteckes und mit den seitwärts herausführenden Ranken. Die seitlichen Ranken können 20 cm oder mehr herausgearbeitet werden. Den natürlichen Bewegungsfluß der Ranke ausnutzend, werden sie tief in den Steckmasseblock eingesteckt. Alle Blumen, Blätter und Zweige werden vor dem Einstecken mit einem scharfen Messer schräg ange-

Abbildung 22
Ein Saurier, aus Heu gebunden, steht zum Kindergeburtstag auf dem Tisch.

Heu, Draht und Bast zum Binden
starker Draht für den Unterbau
Aprikosen
Zapfenschuppen
Klebstoff

47

Abbildung 23
Ein Tischgesteck soll
entstehen: von der
Steckbasis aus
erfolgt die Entwick-
lung zum fertigen
Gesteck.

Campanulablüten
Ranken von Stau-
dencampanula
Geißblattblüten
(Lonicera)
Polyantharosen
Deutzienblüten
Felsenmispel
Akeleiblätter
Bronze- oder Hasel-
wurzblätter
eine flache Schale
ein Stück Steck-
schwamm

schnitten. Die gekürzten Stiele einiger Blätter werden so tief in die Steckmasse gesteckt, daß sie zwar dicht über der Steckmasse, aber nicht direkt daraufliegen, da sie sonst Wasser ziehen. Alle Stiele werden auf einen gedachten Bewegungsmittelpunkt unterhalb des Gefäßes ausgerichtet (Zeichnung 18). Dadurch entsteht ein allseitig betrachtbares, mittelpunktbezogenes Arrangement. Das Ausrichten auf einen gedachten Punkt, der durch die Mittelblume gesetzt wird, bewirkt, daß sich die Blumen, Blätter und Ranken allseitig entfalten können. Ein vergleichbares Bild dazu würden Zeitrafferfilmaufnahmen von einer sich öffnenden Blüte bieten, in der die sich entfaltenden Blütenblätter vom Zentrum gehalten werden. Der Bewegungsmittelpunkt im Gesteck, in der Fachsprache abgekürzt BMP genannt, hält ebenfalls alle herauslaufenden Bewegungsformen fest. Wenn die Längenausdehnung für eine Seite gesteckt ist, muß die gegenüberliegende Seite in gleicher Länge gearbeitet werden. Danach wird die längste Glockenblume, die die Höhe und die Mitte des Arrangements bestimmt, eingesteckt. Während des Steckens muß darauf geachtet werden, daß das Gesteck von allen Seiten gut ausgearbeitet wird. Schritt für Schritt werden die Glockenblumen und

die Blütenstände der Lonicera eingesteckt. Etwas darunter werden die Rosen eingeordnet. Dazu können mehrblütige Polyantharosen oder auch Moosrosen, wenn sie nicht gar so steife Stiele haben, verwendet werden. Die Rosenblüten stehen zu mehreren in der Basis des Gesteckes, ohne sich gegenseitig zu behindern. Leicht hängende Deutzienblüten und kleine Glockenblumenranken nehmen mit einigen Blättern die Verbindung zur Tischplatte auf, indem sie leicht nach unten geneigt eingesteckt werden. Das Gesteck hat einen leicht gebuchteten Umriß und läßt somit Freiräume zwischen den Geißblattblüten und den großen Campanulablüten entstehen.

In gleicher Weise wurde das runde Gesteck in Abbildung 9 gefertigt. Hier sind alle Blumen und Blätter in etwa gleicher Länge zu einem gleichmäßig runden Arrangement aufgesteckt.

Ein fester Halt für das Gesteck

Tischschmuckgestecke sollen transportabel sein und außerdem in flachen Gefäßen aufgesteckt werden, damit sie sich gut auf dem Tisch einfügen. Auf flachen Gefäßen kann ein Verrutschen der Steckmasse mit Hilfe eines Halters, der in das Gefäß einge-

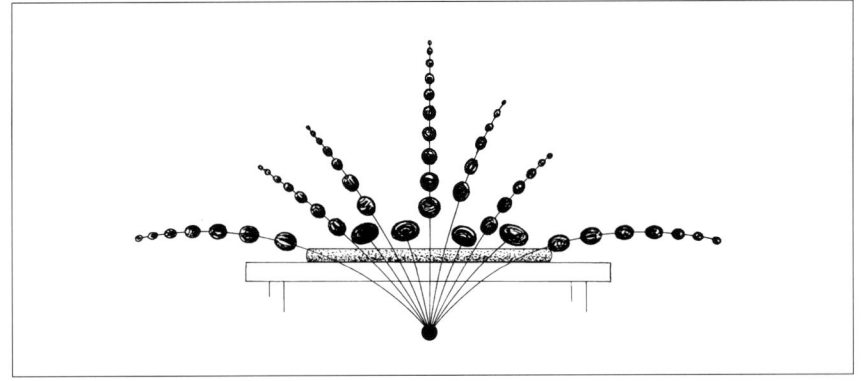

Zeichnung 18
Radial gestecktes
Arrangement mit
einem gedachten
Bewegungsmittel-
punkt unter dem
Schalenboden.

klebt wird, verhindert werden. Den soge-
nannten Pinholder mit dem dazugehörigen
Klebestreifen erhält man im Blumenfachgeschäft oder in einem gut sortierten Ba-
stelgeschäft. Beim Einkleben des Halters
(zum Beispiel mit 'Oasisfix') muß das Gefäß absolut trocken sein. Außerdem sollte
sich das Gefäß zimmerwarm anfassen, da
der Klebestreifen bei dieser Temperatur am
besten haftet. Ein etwa 2 cm langer Streifen wird unter den Halter gedrückt und
dieser wird dann in die Mitte der Schale
gesetzt. Bei länglichen oder großen, runden Gefäßen können auch mehrere Halter
nötig sein. Zusätzlich kann der Steckmasseblock bei sehr flachen Gefäßen noch
durch Tesafilmstreifen gesichert werden
(Zeichnung 19). Bei Gefäßen mit einem
kleinen Rand kann der Steckblock eingeklemmt werden, wenn er genau eingepaßt
wird.

Duftorangentopf im Winter

Abbildung 24 zeigt ein rundes Adventsge-
steck, das einem Biedermeierstrauß ähnlich ist. Für dieses Arrangement, von den
Floristen der Formbinderei zugeordnet,
wird ein 8 cm hohes Tonkübelchen mit
einem Durchmesser von 10 cm so mit
Trockensteckmasse gefüllt, daß die Steckhilfe den Rand des Gefäßes etwa 3 cm
überragt. Die Kanten der Steckmasse werden der Rundung des Kübelchens angepaßt. Nach dieser Vorbereitung wird zuerst die schon vorher mit Gewürznelken
besteckte Duftorange in die Mitte gesetzt.

Es gibt zwei Möglichkeiten, sie zu befestigen. Eine schnelle, für die Haltbarkeit
der Duftorange jedoch ungünstige Methode ist es, drei Schaschlikstäbe von unten einzustecken und die Orange damit in
der Mitte der Steckmasse zu befestigen.
Schonender, aber etwas mühsamer ist es,
die Orange in die Mitte zu setzen und sie
von außen, ohne sie zu beschädigen, mit
etwa 10 cm langen Holzstäben zu fixieren.
Angedrahtete Walnüsse werden ringför-
mig um die Orange eingesteckt und geben
ihr dadurch zusätzlichen Halt. Die nicht
angestochene Duftorange ist zwar nicht
sehr fest verankert, hält jedoch länger,
denn die Gewürznelken wirken an ihrem
Einstich konservierend. Die angestochene
Orange duftet intensiver, wird aber wegen
der Verletzung der Frucht schneller unan-
sehnlich. Mittelpunktbezogen werden

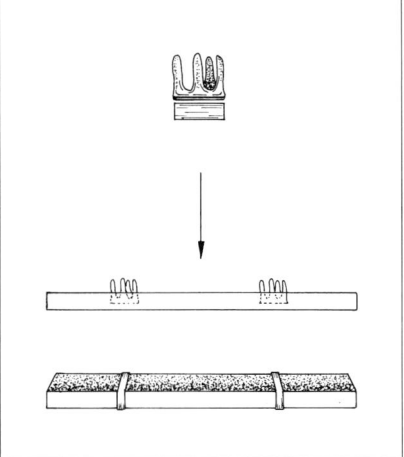

Zeichnung 19
Befestigung der
Steckmasse in einer
Schale.
Oben: Pinholder mit
Klebestreifen.
Mitte: auf den Scha-
lengrund geklebte
Halter.
Unten: Sicherung
der eingebrachten
Steckmasse durch
zusätzliche Klebe-
streifen. Dies emp-
fiehlt sich bei
flachen Gefäßen und
langen Transport-
wegen.

49

Abbildung 24
Ein Orangen- oder
Gewürztopf, ein
traditionelles
Schmuckelement in
zeitgemäßer
Gestaltung.

Orange, mit
Gewürznelken
besteckt
Walnüsse
Cupressuszapfen
Mandeln
Zimtröllchen
Stücke getrockneter
Ingwerwurzel
Sternanis
Adelstanne
Bouilliondraht
Tonkübelchen
Trockensteckmasse
Steckdraht
Klebepistole oder
Klebstoff

Zeichnung 20
Andrahtmethoden
für Walnuß, Ingwer,
Zypressenzapfen,
Zimtstern, Moos-
kugel.

50

weitere Walnüsse um den Ring eingesteckt und die Wölbung ausgearbeitet. Die Abschlußkante aus gleichmäßig lang geschnittener, nicht zu grobnadeliger Adelstanne wird schräg von unten so eingesteckt, daß der Rand des Gefäßes und die Steckmasse nicht mehr sichtbar sind. Ingwerwurzeln und runde Cupressuszapfen müssen so angedrahtet werden, daß zwei gleich lange Drahtenden zur Verarbeitung verfügbar sind (Zeichnung 20). Die angedrahteten Gestaltungsmittel werden in einer Reihe rundherum zwischen die Tannenzweige in die Steckmasse gesteckt. Zwei Drahtenden sind sinnvoll, da sich die Schmuckmittel damit in der Steckmasse fest verankern lassen und beim Transport des Arrangements nicht verrutschen können. Die kleinen Zimtröllchen, die Mandelkerne und der Sternanis werden mit einer Heißklebepistole aufgeklebt. Ein handelsüblicher Universalkleber kann, wenn keine Klebepistole zur Verfügung steht, gleichfalls benutzt werden. Diese kleinen Schmuckteilchen sollen dort plaziert werden, wo sie zum einen die Gesamtansicht verbessern und zum anderen Durchblicke zur Steckmasse abdecken können. Abschließend wird das ganze Arrangement mit Zierdraht umwunden, zum Beispiel mit kupferfarbigem Bouillondraht, der, um zur Wirkung zu kommen, auseinandergezogen werden muß. Bouillondraht bringt zusätzlichen Glanz in das Gesteck. Der Anisstern auf der Duftorange kann ebenfalls mit dem Draht festgehalten werden, damit man die Frucht nicht nochmals beschädigen muß.

Arbeitsanleitung für parallel angeordneten Tischschmuck

Die Parallelmethode wendet man häufig bei Blumen mit geraden, langen Stielen an und ebenfalls, wenn der Blumenschmuck auf dem Tisch nur eine geringe Breite haben darf. Bei dieser Methode werden die Blumen in schmalen, flachen Gefäßen aufrecht nebeneinander gesteckt. So entsteht ein Blumenband, in dem jede Blume vorteilhaft zur Geltung gebracht werden

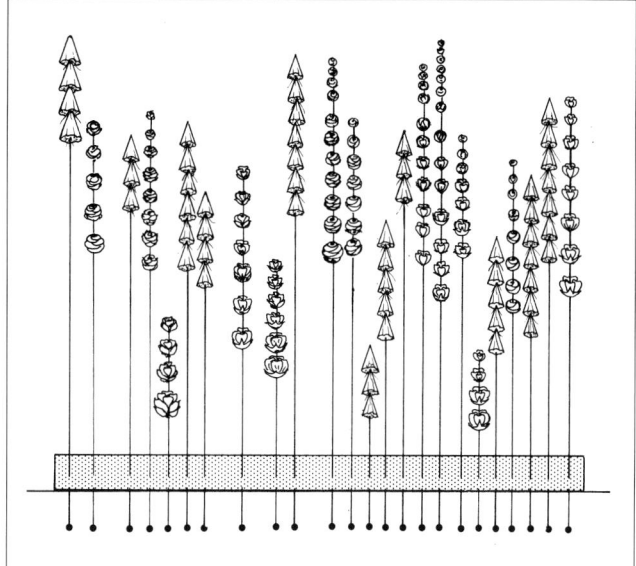

kann (Zeichnung 21). Besonders Akelei, Löwenmäulchen, Iris und Gräser sind Gestaltungsmittel, die sich hierfür eignen (Abbildung 25).

Man beginnt mit der Vorbereitung der Gefäße. Schmale, flache, möglichst lange Gefäße werden so mit Steckmasse gefüllt, daß sie bündig mit dem Rand abschließt. Am Gefäßrand ringsherum schneidet man nun mit einem schräg angesetzten Messer eine Rinne in die Steckmasse. Dadurch wird die Ausgestaltung der Bodenpartie erleichtert, besonders wenn Moos, Vogelsand oder Kiesel aufgebracht werden sollen. Die Zeichnung 21 zeigt schematisch die Anordnung der Gestaltungsmittel. Jede eingesteckte Blüte hat ihren eigenen Bewegungsmittelpunkt. Sie wächst senkrecht aus der Bodengestaltung heraus und hat im oberen Bereich des Gesteckes genügend Freiraum, um sich zu entfalten. In unterschiedlichen Höhen angeordnete Blüten sollen sich nicht gegenseitig behindern und genügend Freiraum haben. Wenn Löwenmäulchen oder Sommerrittersporn verwendet werden sollen, sind die Laubblätter am Stiel möglichst schonend zu behandeln, da sie dem einzeln stehenden Stiel erst sein charakteristisches Aussehen geben.

Zeichnung 21
Steckmethode für ein parallel angeordnetes Gesteck mit vielen Entwicklungsmittelpunkten, abgekürzt als EMP bezeichnet.

Wie bei dem mit einem Bewegungsmittelpunkt (BMP) gestalteten Gesteck beginnt man mit der Bodengestaltung. Kleinblättrige Gehölze wie Spindelstrauch, Lavendeltriebe oder ähnliches, ballförmige Hortensien, kurze Fetthenne oder Bündelchen von Maßliebchen sind Gestaltungsmittel, die senkrecht eingesteckt die Steckmasse abdecken und eine Blumenvielfalt im unteren Bereich des Gesteckes aufzeigen können. Der Boden kann aber auch mit Moos, Steinen, Rindenstücken und Grasbüscheln gestaltet werden. Die Gestaltungsmittel für den Boden müssen fest auf der Steckmasse aufliegen. Rindenstückchen, die nicht von allein aufliegen, können ähnlich angedrahtet werden, wie die Ingwerwurzel in Zeichnung 20. Wenn der Draht auf eine der Steckmasse entsprechende Länge geschnitten wird, sind alle Teile gut zu befestigen. Steine sollten mit ihrer flachen Seite aufliegen und leicht in die Steckmasse eingedrückt werden, damit sie nicht herabrollen. Flaches Moos kann dann dazwischen gezogen werden und bildet so einen natürlich wirkenden Untergrund. Bei der Anordnung der Steine ist darauf zu achten, daß sie den langen Blütenstielen, die später zugeordnet wer

den, nicht im Wege sind. Vogelsand hat sich ebenfalls zum Abdecken der Steckmasse bewährt. Er ist anderem Sand vorzuziehen, da er keine Lehmanteile enthält und so das Wasser nicht verunreinigt. In einer anderen Zusammenstellung können auch Glaskugeln oder Metallteile die florale Bodengestaltung ergänzen. Das Arrangement muß von allen Seiten gleich gut ausgearbeitet sein, denn jeder Gast am Tisch soll sich daran erfreuen. Bei dieser Steckmethode können, wenn ein langes Blumenband angeordnet werden soll, Kerzen mit genügend Freiraum integriert werden. Ebenso können allein stehende Leuchter in das Blumenband einbezogen werden, wenn sie farblich und gestalterisch passen.

Parallelgesteck für einen runden Tisch

Bei dem rundgeformten Gesteck in Abbildung 7 wurden die Gestaltungsmittel ebenfalls parallel eingesetzt. Als Gefäß dient ein runder Keramikteller, flach von Rand zu Rand mit Steckmasse gefüllt. Da alle Gestaltungsmittel nur eine geringe Höhenausdehnung haben, benötigen sie nur eine flache Einsteckhilfe. Zwei Kerzen bestimmen die Mitte. Mit den am Fuß der Kerzen eingeschmolzenen Drähten werden sie in der Steckmasse befestigt (Zeichnung 22). Kugelkerzen benötigen am Fußpunkt Moos oder kleinblättrige Zweige zum Kaschieren der Steckmasse. Im abgebildeten Beispiel ist es Moos, weil rechts neben den Kerzen zwei unterschiedlich große Mooskugeln angeordnet sind und dadurch eine stoffliche Einheit entsteht. Die Herstellung einer Mooskugel ist sehr einfach. Wer einen Garten hat, hat sicher eine schattige Rasenecke mit Moosbewuchs als unerwünschtem Begleiter. Dieses Moos kann dafür verwendet werden. Es wird vorsichtig abgehoben und in der Hand, die Erdseite nach innen gekehrt, zu einer Kugel geformt und mit Zierdraht, Bast, Ranken oder Wolle umwickelt. Ein kleiner Draht wird im unteren Teil der Kugel durchgezogen, zu einer Klammer gebogen und in die Steckmasse geführt. Wer kein Moos aus dem Garten hat, kann im Blumenfachgeschäft Lappenmoos in kleinen Mengen kaufen. Dieses Moos ist flacher gewachsen. Um dies auszugleichen, verwendet man als Unterform ein Papierknäuel, legt das Moos rings herum und umwickelt es. Danach werden Paprikaschoten, Hahnenkamm und Tomatentrauben mit Stiel senkrecht im Gesteck angeordnet. Kurze Asparagusspitzen füllen die Freiräume zwischen den runden Formen und verdecken die Stellen noch sichtbarer Steckmasse. Im Kontrast zu der wolligen Oberflächenwirkung von Moos, Asparagus und Hahnenkamm stehen die glänzenden Tomaten und weißen Kerzen. Sie werden in ihrer Wirkung noch durch eingesteckte, kurze Efeublätter, die den Gefäßrand umspielen, unterstützt. Zum Abschluß werden blattlose Knöterichranken herumgelegt und mit dem Ende und dem Anfang in der Steckmasse verankert. In mehreren Schwüngen wird das Gesteck mit den Ranken, ohne die Rundung zu stören, umkreist. Messingdraht, mit roten Holzperlen besetzt, umkreist ebenfalls in mehreren Schwüngen das Arrangement. Bei einem runden Gesteck mit losen Ran-

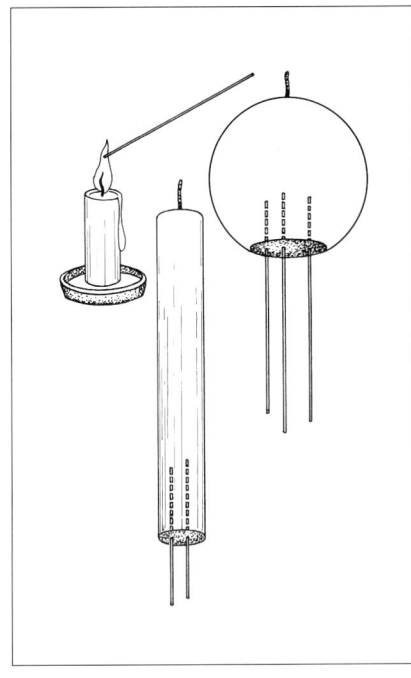

Zeichnung 22
Andrahten einer
Kerze.

ken ist es angebracht, es vor sich auf den Fußboden zu stellen, um es so besser überblicken und Formfehler korrigieren zu können.

Wenn Blumen keine Steckmasse vertragen

Blumen und Blätter in den Steckschwamm zu stecken, ist die schnellste und einfachste Art ein Gesteck anzufertigen. Einige Blumen jedoch vertragen die Steckmasse nicht. Sie welken darin rasch trotz sorgsamer Verarbeitung und Pflege. Zu diesen empfindlichen Pflanzen gehören frühlingszarte Blätter und Triebe sowie auch großblättrige Wildpflanzen, zum Beispiel Huflattich. Auch einige Kulturpflanzen reagieren mit frühzeitigem Welken auf Steckmasse. Alle Christrosenarten und Orchideen gehören dazu. Orchideen sind in einem Gesteck lange haltbar, wenn sie, in ein Glasröhrchen gesteckt, extra mit Wasser versorgt werden.

Bei den empfindlichen Blumen bietet sich dann der Kenzan oder Steckigel als Steckhilfe an. Eine Alternative dazu ist es,

Abbildung 26
Gesteckter Rosen-
kranz zum Geburts-
tagskaffee.

Steckring, 15 cm
Durchmesser
Blüten und Blätter
von Polyantharosen
Blüten und Blätter
von Frauenmantel
Samenstände der
Waldrebe

die Gestaltungsmittel in einem Gefäß in-
einanderzufügen, wie auf Seite 64 beschrieben. Auch die Straußbinderei ist
eine Möglichkeit, solche Blumen zu ordnen und fest miteinander zu verbinden.

Tischschmuck als Kranz oder in anderen Formen aufgesteckt

Ein Kranz kann auf verschiedene Art und
Weise erstellt werden. Dem Blumenangebot entsprechend kann man aus langen
Blättern, Ranken oder Zweigen ohne tech-
nische Hilfsmittel Kränze winden oder
flechten, vorausgesetzt, man hat als Hobbyflorist schon ein Formgefühl dafür entwickelt. Nur wenige Vorkenntnisse benötigt man dagegen für einen Kranz, der auf
einer vorgefertigten, handelsüblichen
Form gesteckt wird (Abbildung 26). Der
Vorteil dieser Methode ist, daß fast jedes
kleinteilige Gestaltungsmittel verwendet

werden kann und die Form schon vorgegeben ist. Zudem speichert die aus Feucht-
steckmasse bestehende Kranzform Wasser
und liegt in einer wasserhaltenden Ring-
form. Diese Steckunterlagen werden in
vielen gängigen Größen im Fachhandel
angeboten. Vor dem Aufstecken des Kranzes wird die Kranzunterlage in ein großes,
mit Wasser gefülltes Gefäß gelegt, bis sie
sich vollgesogen hat. Die vorher hellgrüne
Farbe der Steckmasse verwandelt sich dabei in ein sattes Dunkelgrün.

Arbeitsanleitung für ein Rosenkränzchen

Zuerst werden die Rosenbüschel in Einzelblüten zerteilt. Der Frauenmantel wird in
kleine, der Größe des Kranzes angepaßte
Teilstücke geschnitten. Bei dieser Art des
Kranzsteckens kann jedes kleine Blättchen
oder Pflanzenteilchen Verwendung finden.
Wie im Foto auf der Umschlagrückseite
erkennbar, beginnt man links oben die
kurzen Blüten und Blätter in die Steck-

54

masse einzustecken. Der Einsteckwinkel der Stiele soll eine leichte Tendenz zur Mittellinie des Kranzkörpers haben und immer gleich bleiben, weil so ein gleichmäßiges Erscheinungsbild des Kranzkörpers gewährleistet ist. Der äußere Rand des Kranzes hat naturgemäß einen größeren Umfang als der innere, darum braucht man wie beim gebundenen Kranz an der äußeren Seite des Kranzes mehr Blumen und Blätter. Laubblätter von Rosen und Frauenmantel werden an den Außenrand gesteckt, so daß sie auf der Unterlage aufliegen. Der Außenrand, auf diese Weise durch die Blätter betont, gibt dem Kranz eine schöne Form. Die Gestaltungsmittel sind möglichst kurz einzustecken, damit der Kranz seine vorgegebene Proportion behält. Der Innenraum des Kranzes muß immer größer sein, als der Kranzkörper dick ist. Wenn am Innenrand nur kleine Blättchen und zierliche Frauenmantelbüschel sowie die kleinsten Rosenknospen eingesteckt werden und die größeren Formen außen, gelingt es mühelos, eine schöne Kranzform zu stecken.

In Steckmasse aufgesteckte Kränze sind sehr haltbar, wenn die Unterlage ständig feucht bleibt. Aus diesem Grund können sie schon am Tag vor dem Gebrauch als Tischschmuck angefertigt werden. Sie verlieren nichts von ihrer Schönheit, wenn sie an einem kühlen, schattigen Ort aufbewahrt werden. An warmen, schwülen Sommertagen kann eine Folienabdeckung des Kranzes sinnvoll sein. Zu diesem Zweck steckt man vier bis fünf Holzstäbchen in den Kranz, die etwas länger als die längste Blüte herausstehen sollten. Sie halten die Folie von den Blüten ab, damit diese keine Wasserflecke bekommen. Wenn die Blumen ihre Schönheit verloren haben, kann die Kranzunterlage in den meisten Fällen erneut benutzt werden, vorausgesetzt, sie trocknet nicht aus und alle alten Pflanzenteile werden vorher sorgfältig entfernt.

Bis zum nächsten Gebrauch muß die Kranzform darum in sauberes Wasser eingelegt oder in einem verschlossenen Folienbeutel aufbewahrt werden.

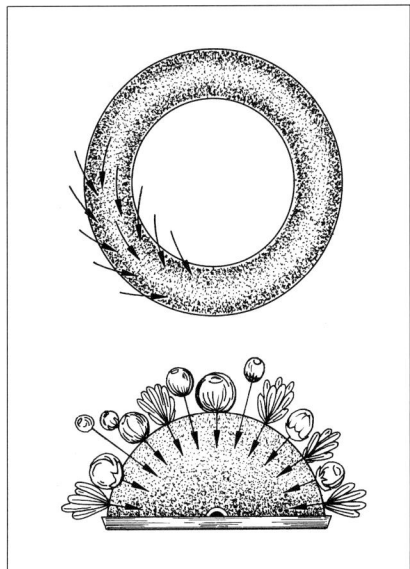

Zeichnung 23
Der gesteckte Blumenkranz.
Oben: Einsteckwinkel der Blumenstiele.
Unten: Querschnitt durch den Kranzkörper.

Aufgestecktes Kugelbäumchen

Mit Kugel- oder Kegelformen aus Trockensteckschaum, die mit Grün besteckt werden, lassen sich stilisierte Baumformen gestalten. Eine Kugel, rundum mittelpunktbezogen mit gleich langen Grünbüscheln besteckt, kann auf einem Stab wie ein Kugelbäumchen wirken (Zeichnung 24). Der Stab kann in einem mit Steckmasse oder Gips gefüllten Topf verankert werden. Mit Bändern oder anderen Gestaltungsmitteln verziert, kann das Bäumchen zum Tischschmuck werden. Abbildung 27 zeigt zwei Kegelformen als Tischschmuck zu einem Gartenfest.

Kegelförmiges Lavendelbäumchen

Bei der Kegelform gibt es je nach der Beschaffenheit der Gestaltungsmittel zwei Möglichkeiten, einen stilisierten Baum zu erstellen: Das Lavendelbäumchen in Abbildung 27 wird von oben beginnend gearbeitet. Kleine Lavendelbündchen werden mit Hilfe von haarnadelförmig gebogenen Drähten an der Form festgesteckt. Die ersten Bündchen, etwa drei Blütenstiele,

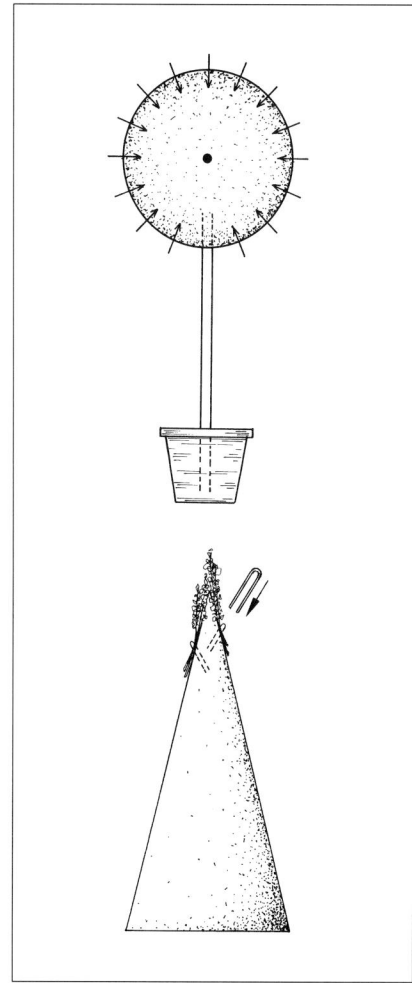

zunächst in einen Tontopf eingepaßt, dann werden an den Stellen, an denen noch kahle Stiele oder Steckmasse sichtbar sind, kurze Lavendelblüten direkt in die Steckmasse eingesteckt. Die kurzen Lavendelblüten sollten so eingepaßt werden, daß sie die äußere, glatte Gesamtform des Kegels nicht stören. Für den Fall, daß der Vorrat an Lavendelblüten erschöpft ist, können ein farblich passendes Band oder lange, glatte Blätter, die wie ein Band wirken, als Abschluß glatt zwischen Kegel und Topf herumgewickelt werden. Die Enden werden mit einer Drahtklammer an der Steckmasse befestigt oder verschwinden, indem sie zwischen Steckmasse und Topf eingeschoben werden. Das Bäumchen aus frischen Lavendelblüten kann lange Zeit als Tischschmuck Verwendung finden. Seine Blüten trocknen zwar mit der Zeit ein und sie wirken dann, wie auch andere Trockenblumen, häufig grau und stumpf. Eine Verzierung mit glänzendem Schmuckdraht kann die trübe Wirkung aber aufheben, Glanzpunkte setzen und den Blütenstielen zusätzlich durch das Umwinden an der Kegelform festeren Halt geben.

Ein Johannisbeerbäumchen

Neben dem Lavendelbäumchen in Abbildung 27 steht ein Johannisbeerbäumchen, das von unten beginnend auf den Kegel gesteckt wird, weil die Trauben schwer sind und herabhängen. Kleine Drahthaften halten die Früchte an dem Kegel. Vorsichtig werden die Trauben mit den Drahthaften vor der letzten Beere festgesteckt, damit die schweren Früchte mit den glatten Stielen nicht herausrutschen können. Schichtweise wird eine Traube über die andere gehalten und befestigt, bis man zur Spitze gelangt. Die Spitze des Kegels wird mit zwei bis drei dichten Trauben zugedeckt und vorsichtig von oben mit Drahthaften festgesteckt. Nun preßt man den Kegel in den Tontopf. Es empfiehlt sich dieses nach dem Bestecken zu tun, weil dadurch die poröse Form aus Trockensteckschaum schonender behandelt wird.

lose zwischen den Fingern gehalten, überragen den Kegel und werden mit den Drahtnadeln befestigt. Die Spitzen der Drahthaften müssen immer von oben kommend nach unten gerichtet eingesteckt werden (Zeichnung 25). Die weiteren Büschel werden nun in die Lücke der vorherigen gehalten und festgesteckt. Gleichmäßig rundherum angelegte Büschel vervollständigen das Werkstück bis zum unteren Rand des Kegels. Im unteren Bereich des Kegels wird es schwieriger, wenn, wie im beschriebenen Beispiel kein Blätterabschluß vorgesehen ist und der Bereich zwischen Kegel und Topf kaschiert werden muß. Der besteckte Kegel wird

Wenn der Kegel in den Topf gedrückt wird, müssen die Johannisbeeren am unteren Rand des Kegels angehoben werden, damit die Früchte über den Topfrand hängen und nicht eingezwängt werden. Ein schweres Johannisbeerbäumchen mit einem Tontopf als Basis kann leicht kopflastig sein und umkippen. Beschwert man den Topf durch feuchten Sand oder Kieselsteine, kann die Standsicherheit des Arrangements verbessert werden.

Aufgesteckte Adventspyramide

Aufgesteckte Baumformen sind in der Advents- und Weihnachtszeit ein festlicher, stimmungsvoller Tischschmuck. Die Adventspyramide in Abbildung 28 wird auf die gleiche Art wie das Lavendelbäumchen gearbeitet. Nach dem Bestecken des Kegels kann eine Pyramide auf eine Platte oder einen flachen Keramikteller gestellt und befestigt werden. Bei einer Holzplatte können zwei Nägel oder ein passender Klebstoff beide Teile miteinander verbinden. Benutzt man einen Teller, kann die Pyramide auf zwei bis drei aufgeklebte Halter, wie auf Seite 49 beschrieben, gedrückt werden und steht so fest und sicher. Im abgebildeten Beispiel wurden im unteren Teil des Steckkegels Efeuranken als Abschluß eingesteckt. Sie trocknen wie das Koniferengrün im oberen Teil ein, behalten aber trotzdem ein gutes Aussehen. Ihren festlichen Ausdruck bekommt die Pyramide durch Umwinden mit Kupferdraht, der auch die Efeuranken mit einbezieht. Aufgefädelte Aprikosen und Apfelsinenscheiben bringen Farbakzente hinzu. Ergänzt werden die weihnachtlichen Symbolträger durch Zimtröllchen und Platanenfrüchte.

Eine andere Arbeitsweise, einen Kegel zu bestecken, wendet man bei Trockenblumen, aber auch bei einigen Weihnachtspyramiden an. Hierbei werden die Schmuckmittel direkt in den Kegel gesteckt. So entsteht eine lockere Umrißform (Zeichnung 26). Man beginnt an der Spitze des Kegels die Gestaltungsmittel senkrecht einzustecken und verändert den Einsteckwinkel, je weiter man an den Fußpunkt kommt. Schmuckmittel ohne Stiel, wie Zapfen oder Kugeln, werden angedrahtet und können in einem Arbeitsgang mit angeordnet werden. Auf eine flache Platte geklebt oder, wie oben beschrieben, auf einem Keramikteller befestigt, eignen sie sich als Schmuck auf dem Tisch, wenn nur wenig Platz zur Verfügung steht.

Geklebter Tischschmuck als Band oder in anderen Formen

Flache Schmuckbänder aus Laub oder Blumenblättern zu kleben, ist einfach und

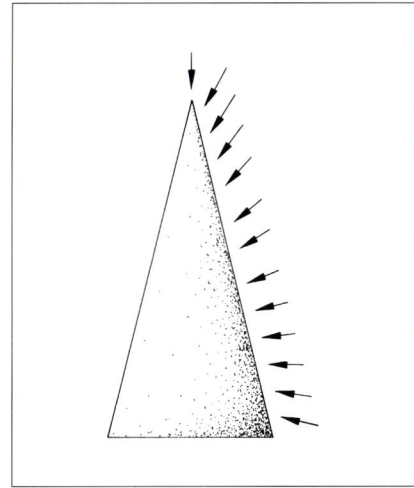

Zeichnung 26
Die Gestaltungsmittel werden direkt in die Kegelform gesteckt. Die Zeichnung verdeutlicht die unterschiedlichen Einsteckwinkel von der Spitze bis zum Fußpunkt des Kegels, wenn ein pyramidenförmiger Baum gesteckt werden soll.

gelingt auch Ungeübten schnell. Ein breites, selbstklebendes Paketband oder ähnliche Bänder genügen als Hilfsmittel (Abbildung 29). Ebenso einfach ist es, mit herkömmlichen Flüssigklebern Blätter auf ein Schmuckband oder einen langen Papierstreifen zu kleben. Die erste Methode ist jedoch schneller, weil ausgereifte Blätter, vom Stiel befreit, nur flach mit ihrer Unterseite auf den Klebestreifen gedrückt werden müssen. Ideale Gestaltungsmittel für ein Blätterband sind buntes Herbstlaub oder Efeublätter. Fast jede Blattform kann verwendet werden, gleich ob groß oder klein. Beim Aufkleben ist nur darauf zu achten, daß ein gleichmäßiges, breites Band mit gleichmäßig ausgebildeten Rän-

Abbildung 29
Auf ein Paketband geklebte Herbstblätter werden schnell zu einem dekorativen Schmuckband für den Tisch.

Abbildung 30
Weiße Kugelkerzen, rote Tomaten und ein Efeublätterband auf einer roten Tischdecke. Die Wirkung des Geschirrs wird durch die zugeordneten Accessoires verändert.

dern entsteht. Wenn nur eine Blattart verwendet wird, wie bei dem in Abbildung 30 gezeigten Efeublätterband, braucht man nur auf die Außenrandgestaltung zu achten. Wird dagegen ein buntes Band wie in Abbildung 4 gestaltet, ist auf eine Wiederholung der Farben und Formen im Verlauf des Bandes zu achten. Bei Blumenblättern verfährt man ähnlich, sie sind jedoch zarter und empfindlicher und erhalten bei der Verwendung von Flüssigklebern leicht Schadstellen durch Farbveränderungen. Rosenblütenblätter und herbstlich ausgereifte Hortensienblüten sind nicht so empfindlich und für diesen Zweck gut geeignet. Alle Klebemethoden können miteinander kombiniert werden.

Interessante Blätterbänder mit schönen Strukturen entstehen, wenn Laub- und Blütenblätter miteinander gemischt werden und Schmuckmittel wie Schneckenhäuschen, Federn, Perlen oder Früchte zusätzlich dazugeklebt werden.

Wenn das Band fertig ist und nicht gleich auf den Tisch gelegt werden kann, sollte es flach ausgelegt und mit einer Lage Zeitungspapier beschwert werden. Durch den leichten Druck des Papiers können sich die Ränder der Blätter nicht aufwölben und passen sich später gut der Tischplatte an.

Bänder aus Laubblättern können gut einige Tage aufbewahrt werden. Bänder aus Blütenblättern sollten dagegen erst kurz vor dem Gebrauch angefertigt werden.

Beklebte Kugel aus pflanzlichen Gestaltungsmitteln

Kugeln, Kegel oder andere Formen können ebenfalls mit Blättern beklebt und als Schmuck auf einem Tisch verwendet werden. Je nach Material der Unterform ist der Klebstoff auszuwählen. Für Styroporformen zum Beispiel sollte lösungsfreier Klebstoff verwendet werden, da sich die Form sonst auflöst. Gestaltungsmittel wie Blätter oder auch Papier liegen glatt auf der Unterlage und benötigen eine glatte Unterform, da geringe Unebenheiten sofort sichtbar werden. Abbildung 31 zeigt neben anderem eine Kugel aus Mohnblumenblättern, die nach dem Bekleben mit Zierdraht umsponnen wurde. Kugeln aus Rosenblättern können auf die gleiche Art erstellt werden. Werden sie zusätzlich mit Rosenöl präpariert, verströmen sie einige Zeit einen zarten Duft. Im Herbst und Winter bieten sich andere Gestaltungsmittel zum Bekleben einer Kugel an, zum Beispiel flache Blüten und Blätter aus dem Riesenangebot der Trockenblumen. Zur Weihnachtszeit eignen sich aber auch Nüsse und Gewürze zum Aufkleben auf eine Form. Bei aller gestalterischen Freiheit muß immer darauf geachtet werden, daß die Form, die durch die Unterlage vorgegeben ist, exakt ausgestaltet wird. Wenn man gleichstarke Gestaltungsmittel verwendet, gelingt dies problemlos. Wenn aber, zum Beispiel, glatte Blätter aufgeklebt und dazwischen dicke Haselnüsse gesetzt werden, bekommt die Kugel meist eine schlechte Form. Wenn man nur Haselnüsse aufklebt und in die Zwischenräume der runden Nüsse kleine Moosteilchen einklebt, wirkt die Kugel harmonischer. Wer mag, kann die Nüsse mit Goldfarbe oder Goldstaub schmücken oder andere Glitzereffekte verwenden. Mit Blättern beklebte Kegel- und Kugelformen, durch Früchte ergänzt, können auf einem Band in einer Reihe angeordnet, ein attraktiver Tischschmuck sein.

Abbildung 31
Eine beklebte Kugel
aus Mohnblättern
und ein mit Mohn-
kapseln besteckter
Blumentopf schmük-
ken einen Tisch im
Garten.

Mohnkapseln
Mohnblütenblätter
Tontopf
Steckmasse
Styrofoamkugel
Zierdraht
Klebstoff
Königskerzenblatt
Wollfaden

Gebündeltes für den schmalen Tisch

Für einen schmalen, kleinen Tisch ist das in Abbildung 32 gezeigte Zimtbündelchen ein dekorativer Schmuck. Hierfür werden auf etwa 30 cm lange Zimtstangen Gewürze, kleine Zapfen und andere haltbare Schmuckteile aufgeklebt. In einer etwas kleineren Ausführung könnte man mit einem solchen Schmuckstück auch einen Ehrenplatz betonen oder Servietten schmücken.

Um einen Schmuckstab aus Trockenmaterial anzufertigen, sollte eine Heißklebepistole benutzt werden, denn sie hat gegenüber anderen Klebstoffen den Vorteil, daß die Klebestelle schnell anzieht und zügig weitergearbeitet werden kann. Beim Benutzen der Heißklebepistole sollte man jedoch auf die Finger achten, denn die Klebmasse, die sehr heiß ist, kann durch das Aneinanderdrücken der Gestaltungsmittel an die Finger gelangen. Benutzt man zum Andrücken aber einen Stab, bleiben die Finger unversehrt. Für das in Abbildung 32 gezeigte Zimtbündel wird zuerst ein Pappstreifen zugeschnitten, der nicht breiter als die gebündelten Zimtstangen zusammen und etwa 6 cm lang ist. Dieser bildet die Basis des Werkstücks. Die Zimtstangen klebt man zu ei-

Abbildung 32
Zimtstangen als
Zierstab für einen
Tischschmuck
zusammengeklebt
und phantasievoll
ausgeschmückt.

Zimtstangen
verschiedene
Koniferenzapfen
Sternanis, Ingwer,
Mandeln und
ähnliches
Nüsse
getrocknete Blätter
Baumpilze
Golddraht
Glasperlen
Pappstreifen
Klebepistole

nem Bündel geordnet auf die Basis. Die Stangen werden in der Länge etwas unterschiedlich angeordnet, damit das Bündel nicht so starr wirkt. Die anderen Gestaltungsmittel werden danach aufgeklebt. Eine Betonung der Mitte mit den größten Formen ergibt eine symmetrische Anordnung. Wenn alle Teile angeordnet und festgeklebt sind, wird der ganze Stab mit Zierdraht umwickelt. Dabei sollte auf die allseitige Ausarbeitung geachtet und kontrolliert werden, ob die Pappe, wenn sie nicht besonders durch Band oder Schmuckpapier kaschiert wird, noch sichtbar ist. Bei der Klebetechnik ist es immer möglich, noch schnell ein Blatt oder einen kleinen Zapfen auf eine nicht ausreichend ausgestaltete Stelle zu heften. Bei Schmuckstäben, die für eine Gedeck- oder eine Platzverzierung angefertigt werden, können die Schmuckteile als Akzent asymmetrisch auf dem Bündel angeordnet werden.

Gebündeltes mit frischen Blumen

Mit frischen Blumen können ähnliche Schmuckstäbe gefertigt werden, jedoch sind sie nicht so lange haltbar. Für die Gestaltung des Blumenstabes benötigt man glatte Stiele oder dicke Halme, die mit Bast oder anderem Bindematerial zu einem Bündel zusammengefügt werden. Das Bündel kann dann mit kurzstieligen Blüten ohne Laubblätter beklebt werden. Als Ergänzung der Blüten werden hartlaubige Blätter hinzugefügt und gleichfalls angeklebt. Ein Kaltkleber ist in diesem Fall der Klebepistole vorzuziehen, denn er hinterläßt keine Hitzespuren auf den Blättern. Verzierungen mit Band, Ranken, Federn oder aufgefädelten Perlen können den Blütenstab vervollständigen. Mit Fantasie und Kreativität können auf diese Weise schöne florale Überraschungen für die Tischgäste angefertigt werden.

Lose zusammengelegter Tischschmuck

Häufig muß ein Tisch ganz schnell festlich dekoriert werden. Wenn keine Platten und Schüsseln auf dem Tisch stehen und genügend Freiraum zwischen den Gedecken vorhanden ist, können gelegte Blumen und Blätter die Lösung sein. Dazu benötigt man gut ausgereifte und gewässerte Blüten und Blätter von Stauden oder Gehölzen, die nicht im Frühjahrsaustrieb sind. Für einen gelegten Tischschmuck sind runde Blütenformen wie Sonnenblumen, Astern, Dalien, Gerbera, Chrysanthemen und herbstlich ausgereifte Hortensien günstig, denn sie sind lange haltbar und behalten ihren Schmuckwert. Zu diesem Zweck werden die Stiele dicht unter dem Blütenkopf abgeschnitten, damit die Blumen flach aufliegen können. Als lockeres Band oder wie gestreut, werden sie mit hinzugefügten Laubblättern auf dem Tisch angeordnet. Der Jahreszeit entsprechend bieten sich im Sommer Blumen, im Herbst dagegen bunte Blätter kombiniert mit Früchten wie Kastanien, Eicheln oder Äpfeln an. Bei der Auswahl der Blumen und Blätter sind gut aufliegende Gestaltungsmittel, die sich dem Tisch anpassen, den gewellten vorzuziehen. Eine andere Form des gelegten Tischschmucks sind Ranken und Geäst, zu einer stabilen Form zusammengeschlungen und über den Tisch gelegt. In die so entstandene Grundform können dann Blätter und Blüten gelegt und auch Kerzen in stilistisch passenden Haltern einbezogen werden. Für einen rustikal gedeckten Tisch können Beeren, Pilze, Moos und Rindenstücke gesammelt und hinzugefügt werden.

Neben Blumen und Blättern kann auch Obst für einen gelegten Tischschmuck verwendet werden. Früchte aus allen Erdteilen liegen an den Obsttheken der Lebensmittelläden und warten auf ihre Verbraucher. Es ist ebenso reizvoll, die passenden Früchte für eine Tischdekoration auszuwählen, wie die Blumen für ein florales Arrangement. Ein Auswahlkriterium könnte die geografische Zuordnung sein, um einem Treffen von Freunden nach dem Mittelmeerurlaub das entsprechende Ambiente zu geben. Ein weiteres Auswahlkriterium ist die formale und farbliche Zuordnung zum Tafeltuch und zum Geschirr.

Verschiedene Obstarten auf einem flachen Tablett oder auf einer Etagere angeordnet, sind als Tischschmuck ein dekorativer Blickfang. Die Japaner haben eine andere Variante entwickelt. Sie ordnen auf einem langen, dunkel lackierten Brett vielfältige Früchte nebeneinander an und animieren die Tischgäste, spielerisch eine neue, noch schönere Verteilung während der Eßpausen zu arrangieren.

Aus der Südseeregion kann die Anregung übernommen werden, verschiedene Früchte auf großen Blättern oder auf Geflechten aus schmalen Blättern als Unterlage anzuordnen. Zur Vervollständigung können passende Blüten hinzugelegt werden. Heimische Früchte, Blüten und Blätter auf flachen Platten oder direkt auf dem Tisch angeordnet, können gleichfalls einen wirkungsvollen Tischschmuck ergeben. Wird bei der Auswahl der Gestaltungsmittel das Speisenangebot mit berücksichtigt, erschließen sich ungeahnte Möglichkeiten für einen individuellen Schmuck. Grüner Spargel gebündelt, ebenfalls Blumenkohl und Champignons bieten reizvolle Akzente auf dem Tisch. Zu einem Kohlessen, im norddeutschen Raum ein traditionelles Essen, könnten Anordnungen aus verschiedenen Kohlarten, mit Herbstblumen kombiniert, einen rustikalen, dem Anlaß entsprechenden Tischschmuck ergeben.

Im Gefäß zusammengelegte Gestaltungsmittel

Abbildung 33 zeigt ein Arrangement aus floralen Gestaltungsmitteln, auf einem flachen Teller zusammengelegt. Flache Platten oder Teller sind neben Blüten, Blättern, Früchten und nichtfloralen Dekorationsteilen das einzige Zubehör für diese Anordnung. Die Zusammenstellung der Gestaltungsmittel bestimmt das Erscheinungsbild und die Ausstrahlung des Arrangements, besonders dann, wenn Deko-

rationsteile hinzugefügt werden. Damit diese Gestaltungsform für die richtige Gelegenheit verwendet wird, ist auf die Vor- und Nachteile dieser Methode hinzuweisen. Ihr Vorteil ist die unkomplizierte Herstellung und die natürliche, schlichte Schönheit der Arrangements, wenn sie wie zufällig zusammengefügt wirken. Ihr Nachteil ist, daß zusammengelegte Anordnungen nur wenig bewegt werden dürfen, um erhalten zu bleiben. Es ist dabei unerheblich, ob sie, wie hier vorgestellt, aus getrockneten Pflanzenteilen oder in einem etwas tieferen Gefäß aus frischen Blumen gefertigt werden. Im häuslichen Bereich gibt es meistens kurze Wege und somit sollte dieser kleine Nachteil keine Rolle spielen.

Gelegter Herbstteller

Einige getrocknete Rosen als Erinnerung an den Sommer, eine Handvoll gepreßte Laubblätter, es können auch Herbstblätter sein, dazu duftende Quitten, frische Walnüsse mit einem bizarren, etwas steifen Efeuzweig werden auf einem Messingteller angeordnet – fertig. Soll es noch etwas glitzern und glänzen, wenn Sonnen- oder Kerzenlicht darauf fällt, kann man das Arrangement durch Messingdraht, der den ganzen Teller überzieht und auf den Glas-

Abbildung 33
Zusammengelegtes im Herbst, stimmungsvoller Schmuck für eine gemütliche Runde.

Quitten
getrocknete Rosen und Blätter
Walnüsse
Efeutriebe
Mooskugeln
Glaskugeln
Messingdraht und Glasperlen
Messingteller

perlen aufgezogen sind, vervollständigen. Zusätzlich bekommen zwei dunkelrote Rosen einige Goldtupfer, ohne angestrichen zu wirken. Wenn es noch Freiräume gibt, können zwei kleine Mooskugeln und einige größere blaue Glaskugeln alle Teile so festlegen, daß ein kurzer, vorsichtiger Transport möglich ist und nichts verrutschen kann.

Gelegte Frühlingsschale

Abbildung 8 zeigt ein zusammengelegtes Arrangement in der Vorfrühlingszeit. Trockene, blattlose Knöterichranken wurden ineinandergeschlungen und stellenweise mit Bast zusammengebunden, um so den später hinzugefügten Blumen festen Halt zu geben. Das zusammengefügte Geschlinge ist teilweise unter den nach innen gezogenen Rand der Keramikschale geklemmt und teilweise umspielt es das Gefäß. Einige bastartig wirkende Streifen vom verholzten Stamm der Waldrebe verstärken die filigranen Konturen der Ranken. Alles ist so ineinander geschlungen, daß innerhalb des Gefäßes sowie auch darüber Freiräume entstehen, die den Boden der Keramik wirksam werden lassen und im oberen Bereich den Blumen Raum gewähren, indem sie sich frei entfalten und so ihre volle Wirkung zeigen. Die Schneeheide im Vordergrund wurde zu einer Gruppe zusammengefügt, die etwa die Wuchsform der Heidepflanze wiedergibt. Schneeballblüten und die dazugehörigen Blätter fügen sich, in einer zweiten Gruppe angeordnet, in das Rankwerk ein. Die Märzenbecher in der dritten Gruppe ragen am höchsten über das Gerank hinaus. Um ihre weißen Hängeglöckchen wirksam zeigen zu können, benötigen sie ihre ganze Stiellänge und viel Freiraum. Es ist etwas mühsam, sie zwischen die Knöterichranken zu setzen, aber mit etwas Geduld bekommen sie ihren richtigen Platz. Dabei müssen die Stiele in der Mitte Halt finden und ihre Enden zwischen den Ranken innerhalb der Schale eingeklemmt werden. Um die Stiele innerhalb der Schale sicher einzufügen, ist ein etwa blei-stiftstarker Holzstab hilfreich, mit dem man leichter an den unteren Teil der Triebe gelangt. Ist ein kleiner Steckigel vorhanden, kann er ein praktischer Helfer sein, um die empfindlichen Stiele der Märzenbecher zu halten. Wenn die Stielenden der Märzenbecher mit zwei bis drei Blättern zusammengefaßt und mit einem kleinen Myrtendraht oder einem dünnen Bastfaden gebündelt werden, lassen sie sich sehr leicht auf die Kenzannägel drücken und stehen aufrecht und fest. Einige farblich passende Steine um den Steckigel gelegt, oder die in diesem Gesteck schon verwendeten Fasern der Waldrebe können noch sichtbare Teile der Steckhilfe abdecken. Ein Bronzeblatt, hinter der Märzenbechergruppe eingezogen, bringt durch seine ruhig wirkende, runde Blattform einen reizvollen Kontrast zu den vielen filigranen Formen. Es unterstützt zusätzlich die Farbe der Keramikschale.

Aufgefädeltes für eine ungewöhnliche Dekoration

Aufgefädelte oder aufgezogene, kleinteilige Gestaltungsmittel sind für viele Arrangements eine zeitgemäße Ergänzung zu vielen anderen Gestaltungsmitteln. Floristen verwenden sie gerne, um romantischen und leicht verspielt wirkenden Werkstücken eine passende Ausstrahlung zu geben. Aufgezogene Rosenblütenblätter, auch ganze Blüten sowie Hortensienblüten und feste Laubblätter halten sich ohne Wasser erstaunlich gut. Auch Holz- oder Glasperlen, sowie Früchte oder Federn werden auf farblich passenden Zierdraht aufgezogen und zum Überspielen von Gerank benutzt. Aber auch Gewürze und Nudeln aus der Küche oder gesammelte Blätter und kleine Zweige können aufgezogen werden. Der Fachhandel bietet ein großes Sortiment farbiger Drähte dafür an. Vor dem Ausgestalten eines Werkstückes mit aufgezogenen Schmuckmitteln steht eine kleine Geduldsarbeit. Die ausgewählten Perlen oder Blätter müssen erst auf den Draht gezogen werden. Dafür bestimmt man die Länge des Drahtes, der über das Werkstück gezogen werden soll. Er muß deutlich länger sein als zuvor gemessen wurde, da der Draht mit vielen Windungen um die Stielchen der Blätter oder der Federn geführt wird. Je nach der Größe des zu verzierenden Arrangements wird Blatt für Blatt in verschiedenen Abständen aufgezogen. Jeder Strang sollte nur aus einer Art bestehen, da er so später besser einzuordnen ist. Perlen können in einer Reihe aufgefädelt werden, jedoch auch einzeln stehend. Wenn man den Draht zweimal durch die Perlenöffnung zieht, kann man die Perlen genau in ihrer Position fixieren. Früchte können durchstochen werden. Manche haben einen kleinen Stiel, an dem sie angedraht werden können. Manchmal wird es schwierig, weil sie zu glatt und rund sind. Sie sollten auf jeden Fall leicht sein und zierlich wirken.

Für den weihnachtlichen Lampenschmuck in Abbildung 34 werden nichtnadelnde Koniferenzweige klein geschnitten und in einer lockeren Reihe aufgefädelt. Mit Goldfarbe verzierte Eukalyptusblätter und kurze Mistelzweige werden an unterschiedlich langen Drähten befestigt. Rote Glaskugeln in unterschiedlichen Größen erhalten verschieden lange Drähte, die kleinen einen langen Draht, damit sie tief hängen und die größte den kürzesten, weil sie dicht am Haltepunkt aufgehängt werden soll. Die Lampe, die in der Abbildung gezeigt wird, hat ein Holzkreuz, an dem die Drähte gefahrlos befestigt werden können. Ergänzend wird ein schmales, 1 cm breites Goldband um den oberen Teil der Lampe gewunden und die freien Enden schlängeln sich lang ausfließend zwischen den aufgereihten Blättern nach unten. Ein Lampenschmuck muß so leicht wie möglich sein. Bei dem beschriebenen Beispiel wiegt er 280 g. Zur Gewichtskontrolle der Gestaltungsmittel sollte die Haushaltswaage herangezogen werden. Außerdem ist vor der Planung eines Lampenschmuckes die Festigkeit und Sicherheit der Lampe zu kontrollieren. Stromführende Teile dürfen nicht mit Metall in

Abbildung 34
Wenn der Tisch keinen freien Raum läßt, kann eine darüberhängende Lampe den floralen Schmuck für die Tafel aufnehmen.

Zehn verschieden große Glaskugeln
Wacholderzweige
Mistelzweige
Eukalyptusblätter
Goldband
Messingdraht
Goldbronze

Berührung gebracht werden. Auch die Wärmeentwicklung an der Lampe ist zu bedenken. Die Länge des aufgefädelten Lampenschmuckes ist der Lampe und auch der Situation auf dem Tisch anzupassen. Stehen ein Rechaud oder Kerzenleuchter auf dem Tisch und die Lampe hängt direkt darüber, darf der Schmuck wegen der Wärmeentwicklung nicht zu lang nach unten hängen.

Zu jeder Jahreszeit bieten sich Gestaltungsmittel für einen aufgefädelten Lampenschmuck an. Lampen in unterschiedlichen Formen können so geschmückt werden. Vorteilhaft sind Lampen mit einem durchbrochenen Schirm. Haben sie dagegen einen festen Lampenkörper, kann an ihm ein leichter Reifen befestigt werden, an dem dann die Fädelungen leicht einzuhängen sind. Zeichnung 5 zeigt zwei Lösungsbeispiele.

Nützliche Dinge für spontane Gestaltungsideen

Will man nach dem Erproben der vielen unterschiedlichen Arbeitsmethoden für die spontane Ausgestaltung einer Dekoration gerüstet sein, sollten einige Dinge greifbar sein. Für ein ungezwungenes Zusammenkommen paßt ein einfacher spontan wirkender Tischschmuck. Dies können in flachen Gefäßen, zwischen Zweigen und Steinen zusammengefügte Blumen und Blätter sein, oder direkt auf dem Tisch angeordnete Gestaltungsmittel. Die Form und Größe des Tisches und die Zahl der Plätze wird die Ausführung des floralen Tischschmuckes immer wesentlich bestimmen.

Für spontan zu entwickelnde Tischschmuckideen ist ein kleiner Vorrat an nicht verderblichen Gestaltungsmitteln sinnvoll. Ein ausreichend großer Steckigel oder Kenzan, sowie ein Stückchen Steckmasse sind dafür häufig notwendig. Es geht jedoch auch ohne Steckschwamm, wenn man ein Maschendrahtknäuel oder ein vorgefertigtes Gerüst aus Rankenwerk zur Verfügung hat. Weiter sollte man die Vorratskiste noch durch schöne Steine, Glaskugeln und zu den Gedecken passende Bänder ergänzen. Abbildung 42 zeigt ein Arrangement, in dem ein in einer Schale liegendes Drahtknäuel als Steckhilfe und zugleich als wesentlicher Bestandteil der Gestaltung verwendet wurde. Blüten, Ranken und Blätter sind schnell dazwischen gesteckt und wirkungsvoll arrangiert.

Eine andere Möglichkeit ist, ein 10–12 cm breites Band flach auf den Tisch zu legen, das für eine Aufreihung von kurzen, runden Blütenköpfen, Blättern, Früchten, Schneckenhäuschen, Steinen den optisch zusammenhaltenden Untergrund bietet. Aufgeklebtes liegt fester auf dem Tisch, es verlangt jedoch mehr Vorbereitungszeit.

Steckhilfen, die man immer braucht

Kenzan oder Steckigel
Steckschwamm
Maschendrahtknäuel
Rankenknäuel

Getrocknetes auf Vorrat zu sammeln

diverse Blätter
Hortensienblüten
haltbare Fruchthülsen oder Schoten
Heu, Moos, Zapfen
Rindenstückchen
Bast

Nichtflorale Gestaltungsmittel

Kiesel und Bruchsteine in verschiedenen Formen
Schneckenhäuschen, Muscheln
Federn (vor Motten schützen)
Perlen, Bänder, Zierdraht
Wolle
Glaskugeln
Goldpuder oder -farbe

Hilfsmittel

Wickeldraht
Blumendraht
Klebstoff oder Klebepistole
Folien
Paketklebeband

Tischschmuck für bestimmte Anlässe

Wer sich einmal das Ausrichten von floralem Tischschmuck zum Hobby gemacht hat, wird immer Anlässe und Ereignisse finden, um es zu praktizieren. Familie und Freunde werden diese liebevollen Aufmerksamkeiten zu schätzen wissen und mit Freude genießen. Der kleinste Frühstücksplatz verwandelt sich, wenn er durch einige Blumen bereichert wird und läßt den Tag schöner beginnen. Je nach Jahreszeit und zur Verfügung stehender Zeit bieten sich viele Möglichkeiten.

Zum Frühstück oder andere kleine Anlässe

Selbst wenn es morgens beim Frühstükken schnell geht, eine kleine Dekoration wird auch noch so müde Augen munter machen. Ein Trinkglas mit kleinen, zum Teil auch kurzen Blüten gefüllt, ist eine Überraschung am Geburtstagsmorgen. In Abbildung 35 ist in ein Whiskyglas ein kleiner Steckmasseblock versenkt und mit festen, hartlaubigen Blättern, zum Beispiel Efeu- oder Kirschlorbeerblättern verkleidet, damit er nicht sichtbar ist. Sie können zunächst um den Steckblock gelegt und zusammen mit ihm in das Glas eingebracht werden. Sollten die Blätter verrutschen und die Steckmasse sichtbar bleiben, können sie mit einem Stäbchen ausgerichtet werden. Kieselsteine oder kleine Glaskugeln können ebenfalls zum Abdekken der Steckmasse verwendet werden. Statt mit hartlaubigen Blättern kann die Steckmasse auch mit Folie jeder Art umwickelt werden. Alufolie, Haushaltsfolie gerafft, damit sie nicht mehr durchsichtig ist oder andere wasserfeste Stoffe können auf diese Art als Gestaltungsmittel um die

Steckmasse gelegt werden, damit diese nicht mehr sichtbar ist. Verwendet man einen Keramikbecher oder ein Geschirrteil aus Porzellan, benötigt man derartige Hilfsmittel nicht. Jede Jahreszeit bietet andere Blumen für diesen Schmuck: der Frühsommer bringt Gräser, Kamille und Akelei. Im Rosenmonat Juni fällt die Wahl schwer, welche Rose in welcher Farbe den kleinen Gruß zum Frühstück bringen soll. Im Sommer wird die Blumenpracht immer üppiger und ein bunter, rundgebundener Sommerblumenstrauß könnte auf dem Frühstückstisch den Tag begrüßen. Der Herbst bringt neben den vielen bunten Astern, Dahlien und Chrysanthemen auch fruchttragende Gehölze und bunte Blätter für einen Strauß. Ein Tischläufer, aus bunten Blättern geklebt, mit Früchten und Blumen ausgelegt, könnte ebenfalls den Frühstückstisch herausputzen.

Adventlicher Putzapfel

In der Adventszeit kann ein Putzapfel (Abbildung 36) der besondere Schmuck auf dem Tisch sein. Die flache Schale in der Abbildung enthält Obst und einen Apfelsinenpomander, es könnten aber auch Brötchen auf dem Teller liegen. Der Putzapfel ist eine traditionelle kleine Schmuckform, die leicht anzufertigen ist. Am einfachsten ist es, die Gestaltungsmittel direkt in den Apfel zu stecken, ebenso die Kerze, die zuvor mit Draht zum Befestigen vorbereitet wurde (siehe Seite 53). Durch die vielen Einstiche verdirbt der Apfel jedoch schnell. Schonender ist es, mit Hilfe von Zahnstochern einen kleinen Moosball auf dem Apfel zu befestigen. In diese Steckbasis steckt man dann die angedrahteten Nüsse, die Zapfen und die Kerze. Die noch fehlenden 6–7 cm langen Tannenzweige werden mit dem Messer angespitzt, im unteren Bereich entnadelt und in die Steckbasis eingesteckt. Wer mag, kann noch eine kleine Bandschleife hinzufügen, um das kleine Arrangement noch weiter auszuschmücken.

Sollte das Frühstück in einem größeren Kreis stattfinden, können Gestecke oder Gebinde auch miteinander kombiniert werden, wenn sie farblich aufeinander abgestimmt sind. Ebenso können Gläser und Becher in unterschiedlicher Größe, in unterschiedlichen Höhen gefüllt, auf dem Tisch eine bunte Reihe bilden oder in Gruppen zusammengestellt werden. Wenn Tische in unterschiedlicher Größe und Form zusammengestellt werden, bekommen sie so einen optischen Zusammenhang und wirken als Ensemble.

Österlicher Tischschmuck

Wie zu allen großen kirchlichen Festen werden auch zu Ostern noch viele alte Bräuche gepflegt. Allen gemeinsam ist, der Freude am erwachenden Leben nach der dunklen Winterzeit Ausdruck zu verleihen. Ob dies nun durch mit bunten Eiern behängte Bäume im Garten oder durch bunte Türkränze deutlich wird, immer soll die Freude auf den Frühling angezeigt werden.

Osterrasen

Der selbst angelegte Osterrasen auf einem großen, flachen Teller oder Untersetzer muß frühzeitig begonnen werden. Wenn man Weizen- und Grassaat verwendet, beginnt man mit der Aussaat auf einem gut vorbereiteten Boden, der in den Untersatz eingebracht werden muß, zwei bis drei Wochen vor dem Fest. Bei Kresse genügen vier bis fünf Tage. Wer das Gärtnern auch in der kalten Jahreszeit nicht lassen kann, kann den aufkeimenden Rasen mit der Schere schneiden, so daß ein richtiger Rasenuntergrund für die Ostereier heranwächst. Ist die Platte oder der Teller für den Rasen groß genug, können gleich beim Herrichten des Saatbeetes kleine, flache Gefäße integriert werden, in die später eine Steckhilfe und Wasser hineinkommen, die Halt und Nahrung für einige Frühlingsblumen oder -zweige bieten. So kann ein kleiner Garten auf dem Ostertisch stehen, der Raum für ein Nest mit Ostereiern bietet. Als Saatgrund eignen sich feuchte, flachgedrückte Blumenerde, ein Pflanzvlies oder gut durchfeuchtete Watte, die mit einer dünnen Erdschicht

abgedeckt wird. Während der Keimung der Saat darf das Aussaatsubstrat nicht austrocknen. Wird das Gefäß mit einer Glasplatte oder einer lichtdurchlässigen Folie abgedeckt, erhöht sich die Luftfeuchtigkeit darunter und fördert das gleichmäßige Auflaufen des Saatgutes.

Osterschmuck im Keramikkübel ohne Steckmasse

Bietet der Tisch nicht viel Platz, kann ein Gesteck wie in Abbildung 37 einen stimmungsvollen Osterschmuck bieten. Die Blumen und anderen Gestaltungsmittel wurden hier so ausgewählt, daß sie schon beim Frühstück Lust auf einen Osterspaziergang machen. Gelbe Narzissen bre-

chen aus trockenem Wintergras hervor und kündigen den Frühling an. Neben den Osterglocken steht kleine Schneeheide, die ihrem Namen alle Ehre macht, denn auch später Schnee und Nachtfrost hindern sie nicht daran, am Rand von Gehölzen im Freiland zu blühen und den ersten, hungrigen Insekten schon eine kleine Mahlzeit zu bieten. Die Haselzweige, die in dem kleinen Arrangement zur Seite schwingen und ihre gelbstäubenden Pollenträger zeigen, haben nichts für frühfliegende Insekten zu bieten. Sie vertrauen dem Wind ihren Pollen an, damit es im Herbst eine reiche Nußernte gibt. Zusätzlich eingesetzte Birkenzweige befinden sich noch in der Winterruhe. Immergrüne Pachysandratriebe und ein

Zwergnarzissen
Schneeheide
Scilla
Tausendschön
Haselzweige
Efeu
trockenes Gras
flache Schale
Steckmasse
Kieselsteine
Ostereier
Glasröhrchen

kleiner Zweig vom Zwergrhododendron vervollständigen das Osterarrangement. Gelbe Eierkerzen in kleinen Tontöpfen, mit Moos festgelegt, gruppieren sich auf dem Tisch neben dem Geschirr.

Für das abgebildeten Ostergesteck wird kein technisches Hilfsmittel benötigt. Das Keramikgefäß hat einen etwas nach innen gezogenen Rand, der es ermöglicht, daß ein Bündel trockenes Gras ineinander verknotet als Steckhilfe in das Gefäß gedrückt werden kann. Dann wird der Rhododronzweig von oben senkrecht hineingesteckt. Birkenzweige stabilisieren zusätzlich das Grasbündel und den Zweig im Gefäß. Drei bis vier Pachysandratriebe, je nachdem wie üppig sie sind, werden an die rechte Seite des kleinen Gesteckes eingefügt. Links davon kann nun die dicht zusammengefügte Schneeheide eingesteckt werden. Sie muß immer gut im Wasser stehen, sonst verliert sie sofort ihre kleinen, nadeligen Blätter. Innerhalb des Gefäßes bieten die Zweige und das Grasbündel soviel Halt, daß die einzeln eingesteckten Osterglocken und Blätter, in diesem Beispiel eine frühblühende Zwergform, gerade und aufrecht stehen können. Den Abschluß bildet der Haselzweig. Das Gesteck steht am Rand des Tisches an seiner Schmalseite. So kann der Tisch gut mit fünf Gedecken gedeckt werden und das Gesteck läßt für alle anderen Dinge ausreichend Raum.

Osterschmuck als Einzelelement oder aufgereiht verwendbar

Ähnliche Gestaltungsmittel sind in dem Gesteck in Abbildung 38 zueinandergefügt. Hierbei wird jedoch ein Steckschwamm verwendet.

Das Glasgefäß, ein halber rechteckiger Glasbaustein, wird bis an den Rand der Schmalseiten mit Steckschwamm so gefüllt, daß an den Längsseiten ein Freiraum bleibt, in den bunte Kieselsteine eingelegt werden können, die den grünen Steckblock verdecken und gleichzeitig als Bo-

dengestaltung wirksam werden. Zusätzlich werden auf der Steckhilfe flaches Moos und trockenes Gras gruppiert, um den senkrecht eingesteckten Narzissen einen natürlichen Untergrund zu geben, als wüchsen sie auf einem Gartenbeet. Tausendschön, die unter den Narzissen stehen, haben dünne, leicht knickende Stiele. Wenn man sie aber zu einem Bündel von drei und mehr zusammenfaßt und die Stielenden mit einem kleinen, dünnen Draht umbindet, lassen sie sich gut in die Steckmasse stecken. Bei sehr weichen Stielen kann man auch mit einem Stäbchen eine Öffnung vorstechen, in die man das Stielbündel dann einfügt. Die kleinen Narzissen wirken am schönsten, wenn sie nicht zu kurz geschnitten werden, damit die glockenförmigen Blüten zur Wirkung kommen. Sie werden in dem Tischgesteck in zwei unterschiedlichen Gruppen angeordnet. Bunte Ostereier im Grasnest unterstreichen den österlichen Ausdruck, ebenso die zartbelaubten Zweige und die blühende Schneeheide. Besonders im zeitigen Frühling sollen häufig kurzstielige, kleine Blüten mit zarten und zerbrechlichen Stielen in Gestecken verwendet werden. Ein mit Moos ummanteltes Kunststoffröhrchen oder ein kleines Glas, das in die Steckmasse versenkt wird, sind einfache Hilfsmittel, um diese zarten Blüten verwenden zu können und ausreichend mit Wasser zu versorgen. Mehrere dieser Gestecke lassen sich auch wirkungsvoll auf einem langen, schmalen Tisch anordnen. Da sie nur etwa 12 cm breit sind, benötigen die Gestecke zwischen den Gedecken nur wenig Raum.

Ein kritischer Blick sollte nach der Fertigstellung des Arrangements stets auf die Untergrundgestaltung fallen, damit noch sichtbare Steckmasse zugesteckt werden kann.

Auf einem großen runden Tisch wird ein allseitig gebundener Osterstrauß immer ein festlicher Blickpunkt sein. Vorgetriebene Gehölze wie Zierkirschen oder Zierquitten in voller Blüte oder mit zarten Blättern geschmückte Birkenzweige, die mit Tulpen oder Narzissen ergänzt werden

könnten, warten nur noch auf die bunten Ostereier. Der Handel bietet eine Vielfalt von österlichen Dekorationselementen. Individueller kann jedoch selbst gefertigter Schmuck sein, auch dann, wenn er nicht so perfekt wirkt, wie der gekaufte.

Festliche Kaffeetafel

Bereitet man die Kaffeetafel für einen besonders festlichen Anlaß vor, sollte auch der Tischschmuck diesem Rahmen entsprechen. Ein aufgesteckter Blumenkranz in der Mitte eines runden Tisches wirkt sehr festlich. Für die etwas zeitaufwendige Herstellung entschädigt seine lange Haltbarkeit und sein dekoratives Aussehen reichlich. Bei der Zusammenstellung der Blumen und Pflanzenteile wird die Jahreszeit die Auswahl der Blumen bestimmen.

Rosenkränzchen zum Geburtstagskaffee

Der Kranz in Abbildung 26 kann vielfältig variiert werden. Bietet der Tisch viel Platz, können Kranzformen durch schmale Bänder, die zu Schlaufen gefaßt und gleichmäßig am Außenrand eingezogen sind, verwandelt werden. Dabei sollte jedoch immer auf die ungestörte Kranzform geachtet werden. Band vermittelt dem Betrachter neben dem schmückenden Effekt auch das Gefühl, etwas Gebundenes zu sehen. Darum sollte Band nicht als Schleife aufgesetzt werden, sondern das Werkstück umwinden oder aus einem gestalterischen Schwerpunkt kommen. Statt der Bänder eignen sich auch Ranken von Schlingern, zum Beispiel Schlingenknöterich oder Winden jeder Art, die aus dem Kranz herausfließen, als zusätzlicher Schmuck. Die Haltbarkeit der Ranken wird erhöht, wenn einige Laubblätter entfernt werden. Die Stiele der Ranken müssen fest und tief in die Steckmasse eingesteckt werden, damit sie ausreichend mit Wasser versorgt werden. Die Ranken sollten so ausgesucht werden, daß sie die Proportionen des Kranzes nicht stören.

Blumenschmuck zum dominant wirkenden Geschirr

Zu einem anderen Kaffeetisch paßt der Stehstrauß aus Abbildung 19. Er ist auf Seite 40 beschrieben. Das schwarzweiße, eigenwillig geformte Geschirr von Annette Winter aus Berlin ist sehr dominant und bestimmt die Form des Blumenschmuckes. Die Ausstrahlung des Geschirrs sollte man stets berücksichtigen, denn nur dadurch gelangt man zu einem harmonischen Zusammenklang aller Elemente auf dem Tisch.

Abbildung 39 zeigt ebenfalls einen Tischschmuck für Liebhaber moderner Geschirrs. Das Service »Flash« aus dem Haus Rosenthal bestimmt gleichfalls die Auswahl aller Gestaltungsmittel. Das vielfarbige und teilweise gemusterte Dekor reizt zum Zusammenspiel mit intensiv farbigen Blumen, großflächigen Blättern und filigranen Ranken. Das abgebildete Gesteck hat eine ruhige, geschlossen wirkende Umrißform. Die Blüten und Früchte sind in Gruppen angeordnet und wirken dadurch flächig. Sie korrespondieren mit den Farbflächen auf dem Geschirr und die Buntheit des Dekors wird von den Blumen aufgenommen. Die Vielfarbigkeit der Blumen wird durch helle Blumenkohlröschen und dunkle Bronzeblätter unterstrichen. Das filigrane Element, das die schwarze Musterung des Geschirrs aufweist, wiederholen die dunklen Ligusterfrüchte und die das Gesteck umspielenden Ranken. Alle Blumen wurden kurzstielig eingesteckt. Lang herausschwingende Blumenstiele hätten in Konkurrenz zu dem Geschirrdekor gestanden. Die Ranken dagegen nehmen die Konturen des Musters auf und steigern die Wirkung des Dekors. Bei der nächsten Verwendung des Geschirrs in Verbindung mit einem Tischschmuck wird es eine neue Kreation geben müssen, denn dem Hobbyfloristen wird es selten gelingen, ein identisches Gesteck ein zweites Mal herzustellen.

Ein Kerzengesteck zum klassischen Geschirr

Zu einem traditionellen oder klassisch wirkenden Geschirr auf einem Geburtstagstisch paßt das Rosengesteck in Abbildung 40. Seine Herstellung ist auf Seite 48 beschrieben. Die festliche Ausstrahlung erhält dieses Arrangement durch die zarten Rosen, die schlanke Kerze und die Farbauswahl. Schlanke, Spitz- oder Stabkerzen wirken elegant im Gegensatz zu kurzen, gedrungenen Stumpenkerzen. Letztere haben eine längere Brenndauer, wirken jedoch in einem Gesteck eher anheimelnd und gemütlich. Für eine Nachmittagsveranstaltung ist die Brenndauer einer schlanken Kerze bei normaler Raumtemperatur ausreichend. Sie brennt nur soweit herunter, daß die Wirkung des Gestecks nicht verloren geht.

Die Kerze wird mit mindestens zwei starken Drähten in die Steckmasse gesteckt. Über einer Kerzenflamme erwärmte Drahtenden werden dafür in den Fuß der Kerze eingeschmolzen (Zeichnung 22). Ist der Draht erkaltet und das Wachs wieder fest, verkürzt man die Drähte so, daß sie kürzer sind, als der Steckmasseblock hoch ist. Dann steckt man sie als erstes in die Mitte des entstehenden Gesteckes. Wenn das Arrangement fertig gestellt ist, verlängert das Einsprühen mit Wasser aus der Sprühflasche die Haltbarkeit der Blumen, besonders an warmen Sommertagen.

Tischschmuck für Betriebs- oder Vereinsfeste

Für Betriebs- oder Vereinsfeste werden häufig die Kantine, Cafeteria, aber auch Arbeitsräume umgerüstet. Die Einrichtung der Räume kann dazu meistens nicht verändert werden, wohl aber die Anordnung der Tische. Sobald auf den gedeckten Tischen ein Blumenschmuck steht, bekommt der alltäglich gewohnte Betriebs-

Abbildung 39
Ein stark gemustertes Porzellandekor verlangt einen klar gestalteten Tischschmuck als Ergänzung. Hier nehmen die Blumen die Farben des Dekors auf.

Herbstastern
Ligusterbeeren
Blumenkohlröschen
Frauenmantel
grüne Hortensien
Fetthenne
Dahlienblüten
Bronzeblatt
Immergrün
Windengerank
flache Schale
Steckmasse

Abbildung 40
Zum traditionellen
Geschirr ein klassi-
sches Kerzengesteck
aus Rosen, Eukalyp-
tus, Perücken-
strauch, Sedum und
Blattwerk.

Abbildung 40
Zum traditionellen
Geschirr ein klassi-
sches Kerzengesteck
aus Rosen, Eukalyp-
tus, Perücken-
strauch, Sedum und
Blattwerk.

Polyantharosen
Fetthenne
Perückenstrauch
Spierstrauch
Eukalyptus
Kerze
flache Schale
Steckmasse

raum ein anderes Gesicht. Zusätzlich können störende Schränke oder Wände durch
bunte Papierstreifen verkleidet werden.
Rollenpapier, das in vielen Betrieben vorhanden ist, ja sogar Packpapier oder Well-
pappestreifen eignen sich dafür. Mit bunten, schmalen Bändern umwickelt oder
mit aufgefädelten Blättern und Früchten
behängt, ergibt es einen zusätzlichen
Raumschmuck. In den meisten Fällen werden die Einzeltische stehen bleiben. Dann
wird auf jeden Tisch ein Gesteck oder
Strauß gestellt, der wohl aus den gleichen
Blumen besteht und in der gleichen Art
erstellt wurde, im Detail jedoch verändert
sein kann, was besonders dann nötig ist,
wenn die Tische unterschiedlich groß
sind.

Die Abbildungen 5 und 41 zeigen
Tischschmuck in einer Betriebs-Cafeteria.
Die Tische schmücken Gestecke aus
leuchtendgelben Rosen, tiefdunkelroten
Nelken und violettblauen Limoniumblu-
men. Dazu wurden unterschiedliche Blätter, Früchte und Gehölze zu flachen, run-

den Gestecken verarbeitet. Die Farbwirkung der großen Blüten wurde durch Zu-
sammenfügen mehrerer Blumen einer Art
noch verstärkt. So entstand ein kuppelför-
miges, fast kompakt wirkendes Gesteck.
Neben den runden Blütenformen unterstreichen doldige Efeufrüchte und dicke,
runde, kupferfarbene Samenstände vom
Sonnenhut die runde Gesteckform. Unbelaubte Schraubenweidenzweige lockern
den festen Umriß durch Umschlingen und
Umrunden auf, ebenfalls die grünen, nach
außen strebenden Blaubeertriebe. Auch
die Ausgestaltung des unteren Randes
trägt dazu bei, die etwas kompakt wirkende Gesteckform leichter wirken zu lassen, weil die runden Bronzeblätter und die
lockeren Farnwedel kontrastierende Formen besitzen und dadurch interessant
wirken. Die Steckmasse liegt auf einer Un-
tertasse, so wird kein besonderes Gefäß
benötigt. Da die unteren Blätter flach und
ausladend eingesteckt sind, ist das Gefäß
nicht sichtbar und gestalterisch nicht wirksam. Die eingesteckten Weidenzweige

schwingen frei um das Gesteck herum. Teilweise ist der sich windende Zweig zusätzlich mit einem Draht fixiert, um ihn genau zu plazieren. Der Tischschmuck wirkt durch die kontrastreichen Farben und Formen.

Adventlicher Tischschmuck im Clubhaus

Eine Adventsfeier im Clubhaus bringt zum Jahresausklang alle Clubmitglieder, ob jung oder alt, zusammen. Ein Tischschmuck in Form einer gebundenen Girlande mit Weihnachtsgebäck, Nüssen und Äpfeln verziert, zaubert Nikolausstimmung herbei. Die Anfertigung einer Girlande wird auf Seite 42 beschrieben. Die Abbildung 20 zeigt einen mit einer Girlande dekorierten Tisch. Das rote Tischband unterstreicht das winterliche Grün wirkungsvoll. In kleinen Leuchtern können Kerzen dazu gestellt werden, die bei Bedarf ohne großen Aufwand erneuert werden können. Ein weiterer Vorteil besteht darin, daß die Kerzen im Halter einen festen Stand auf dem Tisch und einen sicheren Abstand zu dem Grün haben.

Wenn eine Dekoration mit geringerem Zeitaufwand erstellt werden soll, können kurze Zweige winterharter Gehölze einfach auf den Tisch gelegt werden. Sie werden ebenfalls in Form einer Ranke angeordnet und mit Gebäck, Nüssen und Früchten ausgeschmückt. Wird der Tisch abgeräumt, muß man das lose gelegte Grün bei wiederholtem Gebrauch immer wieder neu ordnen. Die gebundene Girlande oder Ranke dagegen kann aufgenommen und neuerlich genutzt werden.

Ein dritter Vorschlag für die Anfertigung einer Ranke ist die auf Seite 59 beschriebene Klebetechnik. Zu einer geklebten Adventsranke sollten die grünen Zweige möglichst feingliedrig und leicht sein. Die durch den natürlichen Aufbau der Zweige und die Anordnung der Seitentriebe entstehenden Lücken in der Ranke werden dann durch Schmuckmittel wie Nüsse und getrocknete Früchte oder winterliche Blätter von Eichen und Buchen geschlossen.

Alle hier beschriebenen Vorschläge zum Ausschmücken von Tischen in Betrieben und Vereinen sind austauschbar und können je nach der gegebenen Situation variiert werden.

In der Vorplanung zu einem festlichen Beisammensein, gleich ob in einem Betrieb oder Verein, sollte der Zeitaufwand für die floristische Ausgestaltung realistisch bedacht werden. Es gibt Arbeitsmethoden mit geringem Zeiteinsatz, aber auch solche mit großem Aufwand. Die richtige Auswahl der Gestaltungsmittel und Arbeitstechniken verhilft zum Erfolg und erhöht die Freude am Gestalten und am Ergebnis.

Wenn der Tischschmuck nicht jahreszeitlich, sondern thematisch ausgerichtet werden soll, sollte ein Hobbyflorist sich nicht scheuen, geeignete Gegenstände aus dem betrieblichen Ablauf oder Gebrauchsgegenstände des Vereins mit einzubeziehen. Ein Gebinde auf einer Dachpfanne oder lange Hobelspäne als Ranken können reizvolle berufsbezogene Gestaltungsmittel sein. Fast aus jedem Beruf sind Gegenstände zu finden, die floristisch verarbeitet werden können.

Tischschmuck zum Geburtstag

Die Gestaltung eines Blumenschmucks zu einer Geburtstagsfeier ist für den Hobby-

Abbildung 41
Das Gesteck aus Edelrosen, purpurroten Nelken, blauen Limoniumblüten, sowie Blättern und Ranken auf weißem Tuch lassen die altgewohnte Kantine trotz Verwendung von einfachem Geschirr festlich wirken.

nen auch diese auf dem Dekorationsband eingefügt werden.

Größere Kinder haben vielleicht Freude daran, selbst einen Tischschmuck in Form eines Blätterbandes anzufertigen. Es kann durch eine mit Blütenblättern beklebte Kugel oder durch ein kleines Gesteck ergänzt werden. Anregungen dazu geben die Abbildungen 4 und 31 sowie die Beschreibungen Seite 59 und 60. Der Blumentopf wurde mit Mohnkapseln gefüllt. Fröhlicher als die Mohnkapseln wirken kurze, in einem Topf aufgesteckte Blumen. Das können im Frühjahr Tulpen, im Sommer Rosen, Pompondahlien oder andere Sommerblumen sein. Soll ein sehr großer Tisch geschmückt werden, können mehrere Elemente aufgestellt werden. Bei der Verwendung von Kugeln bieten unterschiedliche Größen interessante Möglichkeiten zum Gruppieren. Auch buntes Obst kann auf dem Blätterband arrangiert werden.

floristen eine vielfältige Herausforderung. Wenn dann noch alle Familienmitglieder in allen Altersstufen und zu jeder Jahreszeit eine besondere Dekoration erwarten, ist alle Kreativität gefragt.

Kindergeburtstag

Kinder jeden Alters freuen sich, wenn zu ihrem Ehrentag nicht nur der Lieblingskuchen auf dem Tisch steht, sondern die Geburtstagstafel eine Besonderheit darstellt. Die Abbildung 22 zeigt einen geschmückten Tisch, auf dem neben vielen Leckereien ein Saurier aus Heu gebunden als Hauptelement steht (Beschreibung Seite 46). Zur Ergänzung des Hauptelements steht ein Salatkopf mit roten Radieschen garniert vor dem Saurier. Der rote Tischläufer unterstreicht die fröhliche Stimmung an einem Kindergeburtstag. Statt dieser Tierform können auch andere Tierfiguren gebunden oder Gegenstände aus der Spielkiste aufgebaut werden. Wichtig ist nur, daß das Geburtstagskind eine Beziehung zu diesen Dingen hat. Liebt das Kind bestimmte Blumen, so kön-

Zum 18. Geburtstag

Junge Erwachsene lassen sich vielleicht von einem Tischschmuck mit technischen Anklängen (Abbildung 42) überraschen. Kräftige Farben und die Wirkung von Metall und Glas bestimmen den Ausdruck dieses Arrangements. Eine flaschengrüne, flache Schale von 25 cm Durchmesser auf einem Klarglasfuß bildet die Basis. Darauf liegt ein Drahtknäuel. Dazu wird ein etwas spröder, silberglänzender Draht verwendet, in großen Schlingen umeinandergelegt und zwischendurch mit Hilfsdrähten stabilisiert. Halbkugelförmig sitzt der Draht in der Glasschale und umspielt ihren unteren Rand. Drei langstielige Tuberosen werden in unterschiedlichen Längen eingesteckt. Ihre cremeweißen Blüten unterstreichen die kühle Wirkung des Drahtes und des Glasgefäßes. Damit das Drahtgeflecht im Schalenboden fest aufliegt, werden im unteren Bereich des Geflechtes drei dunkle, schwere Glaskugeln eingelegt. Leuchtend rote Ranunkeln werden am Fußpunkt der langen Blüten angeordnet und finden zwischen dem Gewirr der Drahtschlingen guten Halt, da sie sich viel-

Abbildung 43
Zwei standfeste
Gläser dienen als
Gefäße für dieses
zarte, bogenförmige
Doppelgesteck.

Rosen
Strandflieder
kleinblumige
Chrysanthemen
Bärengras
Eukalyptus
Bronzeblatt
zwei gleiche Gläser
Steckmasse
Zierdraht

fach anlehnen können. Fünf Blätter des Bärengrases schwingen in einem Bogen nach hinten. Sie sind am Fußpunkt lose eingesteckt, an der Spitze mit einem dünnen Silberdraht zusammengebunden und im Drahtknäuel befestigt. Zwei bis drei Vinca-Ranken biegen sich auf der Gegenseite durch den Draht. Das zu dem aktiven Rot kontrastierende Grün wird noch durch Holzperlen, ebenfalls auf Silberdraht aufgezogen, unterstützt. Ranken und Drähte sollen die Form des Glasgefäßes umspielen, um dadurch das Miteinander von Gefäß und Füllung zu unterstützen.

Die metallische Wirkung dagegen kann auf glatten Glasflächen, mit Chrom oder anderen Metallen verarbeitet, noch stärker werden. In anderen Farbzusammenstellungen, jedoch immer in starken, farblichen Kontrasten, kann diese Gestaltung variiert werden.

Als Alternative zu dem Drahtknäuel und dem Glasgefäß kann naturhaftes Gerank zu einem Knäuel geformt und für ein formal ähnliches Gesteck benutzt werden. Es wird jedoch immer eine andere Ausstrahlung haben.

Verspielt und romantisch

Eine verspieltere und blumiger wirkende Alternative für eine Geburtstagsfeier unter jungen Leuten ist ein Doppelgesteck in zwei Trinkgläsern (Abbildung 43). Zwei etwa 10 cm hohe Gläser mit festem Stand

werden mit einem passenden Steckschwamm, der vorher mit Folie oder Blättern umwickelt wurde, gefüllt. Blumen und Blätter werden in beiden Gläsern jeweils so angeordnet, daß sie als fertiges Ensemble eine einheitliche, sich ergänzende Wirkung erzielen. Jedes Glas für sich wirkt unvollständig, denn erst im Zusammenklang mit dem zweiten ergibt sich die Gesamtform. Für den verbindenden Mittelbogen werden weichschwingende Gräser, Blätter oder Ranken benötigt. Für den jeweiligen Außenrand der Gläser benötigt man Gestaltungsmittel, die eher sammelnd wirken und Festigkeit vermitteln, um dem Bogen entgegenzuwirken.

Geburtstagsfeier auf der Terrasse

Zum Geburtstag eines erwachsenen Familienmitgliedes im Spätsommer wird ein üppiger, rustikal wirkender Tisch auf der Terrasse gedeckt, der vielen Gästen Platz bietet (Abbildung 44). Holzteller und Zinnbecher bestimmen das Bild. Üppig wirkende Blumen und Früchte unterstreichen die fast barocke Fülle in der Mitte des Tisches, die durch ein fließend wirkendes, drapiertes Tuch unterstrichen wird. Blumen, Früchte, Zweige und Blätter quellen aus einer flachen Schale heraus, die aber selbst keine Eigenwirkung hat. Die schweren Rottöne der Astern und Zweige des Perückenstrauches stehen im Kontrast zu

den vielen Grüntönen im Blattwerk sowie zu den Samenständen von Thalictrum, die leicht und schwingend über dem dekorativen Gesteck stehen. Freilandhortensien sind ein ideales Gestaltungsmittel für Tischgestecke im Spätsommer und Herbst. Je weiter ihre Färbung als Zeichen der Reife fortgeschritten ist, desto haltbarer sind ihre Blüten. Selbst getrocknet verlieren sie nur wenig von ihrer Wirkung, so daß sie auch im Winter, leicht bronziert, noch schmückend eingesetzt werden können. Für das abgebildete Gesteck dient eine längliche, etwa 3 cm hohe Schale als Untergrund. Ein bis zu den Rändern reichender Steckmasseblock, der leicht über den Gefäßrand ragt, gibt den lang herausfließenden, eingesteckten Ranken und Zweigen Halt und wird von den lagernden Hortensienblüten, Ligusterbeeren und hell schimmernden Blumenkohlröschen abgedeckt. Die Blumenkohlröschen werden auf Schaschlikspieße oder Zahnstocher gesteckt und können so präpariert fest in das Gesteck eingearbeitet werden.

Einen weiteren Tischschmuck für eine sommerliche Geburtstagsfeier zeigt Abbildung 45. Ein Pflanzenfreund mit einer Vorliebe für botanische Besonderheiten hätte sicher Freude an dem zierlich wirkenden Arrangement in Verbindung mit einem Geschirr, das florale Motive aufweist. Dominant in dem Gesteck sind die parallel eingestecken, orangefarbenen Fruchtstände des Aronstabs, ergänzt durch die Montbretienblätter. Ihren eigenen Reiz erhält die Anordnung durch die vielfältige Pflanzenzusammenstellung in Form, Farbe und Bewegungsform. Blüten, Früchte, Ranken und unterschiedliche Blattformen sind farblich aufeinander abgestimmt und verbinden sich harmonisch.

Die Vorschläge zum Ausschmücken einer Geburtstagstafel können nur andeuten, wie vielfältig die Möglichkeiten sind, einen individuellen Tischschmuck anzufertigen, wenn bei der Auswahl der Gestaltungsmittel besondere Neigungen oder Vorlieben des zu Ehrenden berücksichtigt werden.

Dekoration für ein großes Familienfest

Wenn die Familie zu einem großen Fest zusammenkommt, reichen in vielen Fällen die häuslichen Räume nicht, um allen Gästen ausreichend Platz an der Tafel zu bieten. Restaurants stellen ihre Räumlichkeiten und ihren Service zu diesem Zweck zur Verfügung. Die Abbildung 14 zeigt einen Tischschmuck für eine Konfirmationsfeier in einem angemieteten Raum. 30 Gäste sollen zum Festessen an einer U-förmigen Tafel Platz finden. Wie häufig in einer solchen Situation haben die Tische nur eine Breite von 70 cm und müssen an den Längsseiten beidseitig besetzt werden, so daß für den Tischschmuck eigentlich kein Platz mehr ist. Einzige Lösung in dieser Situation ist eine sehr schmale, nicht zu hohe Blumenanordnung, die sich zwischen den Gedecken schlängelt. Flache, schmale, rechteckige Glasschalen in den Abmessungen 10 × 23 cm bilden den Untergrund. Die Steckmasse soll in der

Höhe leicht über den Schalenrand hinausstehen und wird fest in die Glasgefäße gedrückt. Sechs Gefäße werden benötigt, damit sich der Tischschmuck als schmales Blumenband zwischen den Gedecken hinzieht. Obwohl der Tisch an der Stirnseite kürzer ist als die Längsseiten, wird an den Eckpunkten des Quertisches je ein Gesteck aufgestellt, damit das Blumenband optisch die ganze Tafel durchzieht. Wenn die Speisen jeweils auf dem Teller gereicht werden, wird der schmale Platz in der Mitte nicht für Schüsseln und Platten benötigt. Die fertig ausgesteckten Schalen werden in der Breite nicht über die Gefäßränder hinaus gearbeitet; die Längsausgestaltung hingegen erfolgt so weit wie möglich. Jedes Gesteck erreicht eine Länge von etwa 100 cm. Lange, schmale Gräser und rutenartige, kleinblättrige Eukalyptustriebe sowie langstielige Freesien verhelfen zu der großen Längenausdehnung.

Bei der Ausführung der Gestecke wird zuerst die Basis ausgearbeitet. Bronzeblätter, Limonium und kleinblumige, pompon-

blütige Chrysanthemen werden kurz auf die Steckmasse gesteckt. Sorgfältig ist darauf zu achten, daß das Breitenmaß der Schale nicht überschritten wird. Gräser, Eukalyptus und einige der Freesien werden in einem Winkel von 5–10° zur Tischplatte eingesteckt, damit sie sich flach auf den Tisch zwischen die Gedecke schieben, ohne zu stören (Zeichnung 27). Es entsteht ein symmetrisches Gesteck, bei dem die Blumen und Blätter aus vielen Entwicklungspunkten kommend, schräg parallel eingesteckt werden. Alles soll fließend und schwingend wirken. Lediglich die runden, sammelnden Blüten und Blätter im Untergrund des Gesteckes wirken statisch, denn sie müssen den optischen Halt für das Schwingen und Schweben der anderen Blüten geben. Aus der Zeichnung und aus dem Foto ist zu sehen, daß sich die Freesienstiele und die Gräser in vielfältigen Linien überschneiden. Dies ist auch die gestalterische Absicht, denn dadurch entstehen die flachen, leicht wirkenden, nur 20 cm hohen Gestecke, die auf dem dicht eingedeckten Tisch die Sicht zum Gegenüber nicht behindern. Die Blumenfarben sind auf die Farben des Tischtuchs und die gleichfarbigen Servietten abgestimmt. Das pastellige Violett des Tischtuches sollte etwas Frische erhalten. Gelbe Freesien, purpurrote Rosen, viel Grün, etwas Weiß und Blau verbinden sich mit dem Tafeltuch zu einer gedämpften Farbigkeit.

Bewußt wurde auf die zarten, feinblättrigen Zierspargelranken als Beiwerk verzichtet, weil die kleinen, nadelförmigen Blättchen bei der Enge auf dem Tisch und der Nähe zu den Gedecken zu Verunreinigungen führen und die Gäste stören.

Andere Beispiele für einen sich auf einer langen Tafel wiederholenden Blumenschmuck sind das Gesteck aus gelben Calla (Abbildung 10) oder, als Vorschlag für eine Hochzeit, die roten Rosen auf einer Silberplatte (Abbildung 11). Jedoch sollte dafür der freie Raum in der Mitte des Tisches breiter als 10 cm sein. Wenn die Tafel breit ist und nur einseitig eingedeckt wird, sind großzügiger wirkende Lösungen möglich (Abbildung 2 und 46).

Gedeck oder Platzschmuck

Bei einer großen Tafel wird häufig der Platz des Jubilars oder Ehrengastes besonders betont und geschmückt. Abbildung 47 zeigt einen Gedeckschmuck, der den Platz ziert, der aber auch leicht, ohne zu zerfallen, zu Beginn des Essens beiseite gelegt werden kann. Das kleine Gebinde liegt auf der Serviette und berührt das Eßgeschirr nicht. Bei der Auswahl der floralen Gestaltungsmittel ist darauf zu achten, daß sie mit dem Hauptschmuck auf dem Tisch übereinstimmen und nicht fusseln oder krümeln.

Glatte Schachtelhalme (Kulturschachtelhalm), ersatzweise andere gerade Hölzer oder Stäbe sind zu einem sich aufwölbenden Bündel zusammengebunden und bilden den Untergrund für zwei Edelrosen. Da die Rosen mit Wasser versorgt werden müssen, wird ein mit einer Kappe versehenes Reagenzglas mit aufgeschlitztem Schachtelhalm umklebt und in das Basisbündel integriert. Die Efeuranke wird auf die gleiche Art mit Wasser versorgt. Rotes Band als bindendes Element, um das Schachtelhalmbündel gewunden, vervollständigt das kleine Gebinde.

Abbildung 46
Edles Tafelgeschirr, dazu ein Gesteck aus strahlenblütigen Chrysanthemen, Weintrauben und panaschiertem Spindelstrauch.

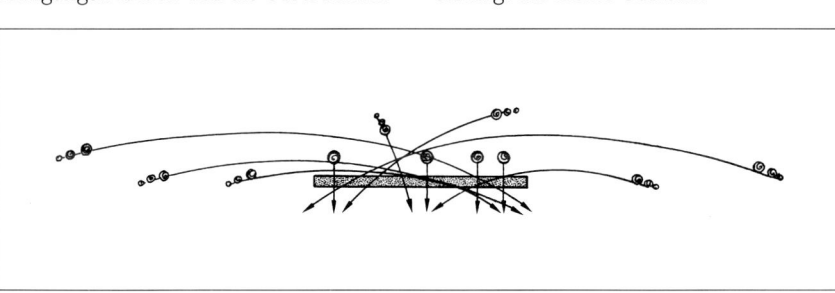

Zeichnung 27
Für einen flachen, schmalen Tischschmuck werden die Stiele der Blumen in unterschiedlichen Winkeln und aus unterschiedlichen Punkten kommend in die Steckmasse gesteckt.

Tischschmuck zum Advent

Zu keiner Jahreszeit ist das Angebot an Gestaltungsmitteln so umfangreich und die Formenvielfalt so groß wie im Advent.

Traditioneller Adventsschmuck

Zu den traditionellen Schmuckgebinden in der Adventszeit zählen der Putzapfel (Abbildung 36) und der Adventskranz. Der Kerzenkranz in Abbildung 21 hat eine etwas andere Gestalt als die herkömmlichen Kränze, die symmetrisch mit vier Kerzen geschmückt sind. Die Arbeitanleitungen zum Stecken oder Binden eines Kranzes sind auf den Seiten 45 und 54 beschrieben. Als Unterlage für einen Kranz ist ein großer, flacher Teller sehr praktisch, besonders dann, wenn eine dicke, runde Kerze in die Mitte gestellt werden soll. Sie füllt in dem vorgestellten Beispiel den ganzen freien Innenraum des Kranzes aus und benötigt auf der flachen Unterlage keine zusätzliche Befestigung. Der Kranzkörper ist mit umwickelten und angedrahteten kleinen Heubündchen und Moosbällchen ausgesteckt. Ergänzt wird der Schmuck durch frische, grüne Efeublätter, gekräuselte Herbstblätter, Platanenfrüchte und getrocknete Orangenscheiben. Unbelaubte Knöterichranken umspielen unregelmäßig die lockere Kranzform. Alle Gestaltungsmittel werden nach dem Binden oder Stecken des Kranzes hinzugefügt.

Getrocknete Orangenscheiben selbst gemacht

Orangenscheiben können in adventlichen Tischschmuckgestecken sehr vielseitig verarbeitet werden. Sie lassen sich im häuslichen Backofen einfach herstellen. Eine Orange mit unversehrter Schale wird so in dünne, 5–6 mm dicke Scheiben geschnitten, daß die für Orangen typischen Segmente erhalten bleiben und auf Backpapier gelegt. Sie werden bei 80 °C im Backofen getrocknet. Auch Zitronen eignen sich für die Herstellung solcher Scheiben. Die getrockneten Fruchtscheiben können nach der Verwendung trocken aufbewahrt und immer wieder als Schmuckmittel eingesetzt werden.

Sichere, standfeste Kerzenverarbeitung

Wenn ein Adventskranz in traditioneller Form mit vier Kerzen dekoriert werden soll, müssen diese standsicher im Kranz befestigt werden. Die sicherste Methode ist, die Kerzen in speziell für diesen Zweck hergestellten Haltern auf dem Kranz zu plazieren. Sind solche nicht verfügbar, können die Kerzen angedrahtet und durch Einstecken in den Kranzkörper befestigt werden (Seite 53). Bei dieser Befestigungsmethode ist sorgsam darauf zu achten, daß die Kerzen nicht zu weit herunterbrennen, damit sich das Bindegrün nicht entzündet.

Haltbarer adventlicher Tischschmuck für warme Räume

Die meisten Gestaltungsmittel für dieses Arrangement (Abbildung 48), wie eingetrocknete Hortensienblüten, Amaranthusschwänze (Grüner Fuchsschwanz), ein Lärchenzweig mit Zapfen besetzt, eine Hand voll Heu mit glitzerndem Draht umwickelt und zu einer Kugel geformt sowie einige schöne, eingetrocknete Blätter sind im Herbst gesammelt worden. All diese

Dinge werden durch mehrere Chamaecy-
pariszweige und drei bis vier Efeuranken
ergänzt. Die orangefarbene Kugelkerze
bringt ein lebhaft leuchtendes Farbele-
ment hinzu.

Ein Keramikteller, mit Steckmasse gefüllt, bildet die Basis für dieses Arrangement. Zuerst werden die beiden dominanten Kugeln angedrahtet und auf der Steckmasse befestigt. Die Zwischenräume
werden mit Efeublättern und flach eingesteckten kleinen Zweigen Koniferengrün
ausgefüllt, so daß die Steckmasse verdeckt
wird. Darauf werden dann die Hortensienblüten und der Fuchsschwanz arrangiert
und mit kleinen, haarnadelförmig gebogenen Drähten befestigt. Ebenso wird der
Lärchenzweig mit den Zapfen, der sich
quer durch die Anordnung zieht, auf der
Steckmasse befestigt. Erst danach werden
die anderen Gestaltungsmittel hinzugefügt. Eine farbliche Ergänzung bilden einige Baumwürgerzweige, mit leuchtend
gelborangen Früchten besetzt. Das ganze
Gesteck wird dann mit Bouillondraht um-

wunden. Dadurch kommen Glanzpunkte
in die trockenen und dunkelfarbigen Gestaltungsmittel und die runde Form des
Gestecks wird betont, weil alle von der
Mitte wegstrebenden Bewegungen wieder
herangeholt und festgehalten werden.
Wenn die Steckmasse ständig feucht gehalten wird, ohne daß die trockenen Gestaltungsmittel dabei angefeuchtet werden, kann das frische Grün auch in warmen Räumen lange seine Schönheit bewahren.

Schmuckstücke für den kleinen Tisch

Eine weitere Möglichkeit, einen Tisch in
der Mitte zu schmücken, bietet ein Oran-
gentopf (Abbildung 24). Seine floristische
Ausarbeitung wurde auf der Seite 49 beschrieben. Eine hübsche Kleinigkeit für einen länglichen Tisch ist der geschmückte
Zimtstangenstab (Abbildung 32). Er hat
den großen Vorteil, daß er unbegrenzt haltbar ist. Die kleinen hinzugelegten Tannen-

zweige können leicht ausgetauscht werden. Ein solches Arrangement findet noch auf dem kleinsten Tisch Platz. Es kann aber auch einen größeren Tisch schmükken, wenn größere und längere Tannenzweige flach ausgelegt hinzugefügt werden.

Weihnachtliche Tischdekorationen

Weihnachten ist für viele Menschen der Höhepunkt des Jahres und ein Fest, das in vielen Familien mit besonderer Sorgfalt vorbereitet wird. Zur Ausstattung eines mit viel Liebe gedeckten Tisches sollte ein Tischschmuck zur Vervollständigung der Festtafel nicht fehlen.

Festlicher Kerzenschmuck

Abbildung 49 zeigt eine Tischdekoration in etwas kühlen Farbtönen, ohne daß sie glänzend und kalt wirkt. Mit blauen Ker-

zen im Gesteck und einem blauen Tischtuch kann diese Wirkung leicht entstehen. Das wird hier jedoch durch die warmen Brauntöne von Hopfen- und Waldrebenranken, sowie durch die mit Beeren besetzten Celastrustriebe verhindert. Celastruszweige, üppig mit gelb-orangefarbenen Früchten besetzt und vor dem ersten Frost geschnitten, sind ein haltbarer Herbst- und Winterschmuck. Er läßt sich eingetrocknet gut zu adventlichen oder winterlichen Gebinden verarbeiten. In dem abgebildeten Gesteck werden die hellen Gehölzzweige durch getrocknete, aufgefädelte Aprikosenfrüchte farblich unterstützt. Damit der kühle Blauton der Kerzen auch im unteren Bereich des Arrangements wirksam wird, sind am Fußpunkt der Kerzen violettblaue Hortensienblüten befestigt. Zusätzlich sind neben den Hortensien flache Mooslagen und kleine Mooskugeln angeordnet. Das belebende Grün bringen japanische Zedernzweige in die Anordnung. Anstelle des Zederngrüns kann auch anderes, flaches, biegsames

Wintergrün verwendet werden. Hellbraune Erdnüsse, auf Messingdraht aufgebunden, umspielen die Ranken und harmonieren farblich mit den Gehölzen.

Die Basis des Arrangements bildet ein gebundenes, längliches, aber schmales Rankengeschlinge. Es liegt flach auf dem Tisch auf und wölbt sich in unterschiedlich großen Bögen aufwärts. Wenn wenig Rankwerk zur Verfügung steht, können die Schlingen auf ein schmales Brett genagelt werden. In dem abgebildeten Gesteck ist so viel Gerank vorhanden, daß die Kerzen feste Haltepunkte haben, auf denen kleine Stücke Trockensteckschwamm aufgeklebt sind. In die Steckbasen werden erst die angedrahteten Kerzen, danach die Zedern- und Baumwürgerzweige eingesteckt. Um die Steckmasse zu verdecken, werden abwechselnd Hortensienblüten eingesteckt und flaches Lappenmoos mit der Klebepistole aufgeklebt. Beim Kleben ist darauf zu achten, daß der Kleber nicht zu großflächig angesetzt wird, da sonst die nachträglich einzusteckenden Zweige nur

schwer in die Steckmasse gesteckt werden können. Die Aprikosen- und Erdnußketten werden anschließend zwischen die Rankenschlinge und um die Fußpunkte der Kerzen gezogen. Die Vorder- und Rückseite des Tischschmuckes müssen gleichmäßig ausgeschmückt werden, da er von allen Seiten zu sehen sein soll. Zum Abschluß wird alles mit glitzerndem Bouillondraht umschlungen. Dabei können herausragende Ranken und Zweige eingezogen werden, wenn sie das Gesamtbild stören. Wer den glitzernden Effekt des Drahtes nicht haben möchte, kann einzelne Partien mit farblich passenden Woll- oder Bastfäden einbinden.

Traditioneller Weihnachtsleuchter

Weihnachtlicher Tischschmuck mit einer ganz anderen Ausstrahlung ist ein leicht abgewandelter traditioneller Früchtestab (Abbildung 50). Dieses Arrangement ist

Abbildung 50
Dieser weihnachtliche Kerzenschmuck ist der Brauchtumsbinderei entlehnt und wirkt traditionell.

3 Stabkerzen
Adelstanne
Scheinzypresse
Ilex
Walnüsse
Lärchenzapfen
Kiefernzapfen
Apfelringe, ersatzweise kleine Äpfel
Zimtsterne
Trockensteckmasse
4 Nägel, 5 cm lang
Brett 12 × 40 cm
Draht in verschiedenen Stärken
Klebepistole

lang und schmal und paßt somit zwischen die Gedecke auf einer langen Tafel. Koniferenzweige und beerentragende Ilexzweige bilden die Grundform, in die angedrahtete Zapfen, Nüsse, Gebäck und getrocknete Apfelringe hineingesteckt werden. Ursprünglich wurden frische, möglichst farbige Äpfel verwendet.

Die feste Unterlage bildet ein schmales, später nicht sichtbares Brett von etwa 40 cm Länge und 12 cm Breite. Auf eingeschlagene Nägel in der Mitte des Brettes wird Trockensteckmasse gespießt und zusätzlich mit der Heißklebepistole aufgeklebt. Der Steckmasseblock ist etwa 5 cm hoch, 28 cm lang und 6 cm breit. Die Kanten werden wie bei Frischblumensteckmasse abgeschrägt. Es hat sich bewährt, bei einem Kerzengesteck mit dem Befestigen der Kerzen zu beginnen, dann gelingt es leichter, die meist schweren Kerzen im Steckgrund zu befestigen. Außerdem sind sie ein dominantes Gestaltungsmittel und durch ihre Plazierung im Gesteck bestimmen sie die Ordnungsart. Drei kurze, in die Kerze eingeschmolzene Drähte halten sie in der Steckmasse. Dabei ist es notwendig, daß das erste Einstecken gleich am richtigen Platz erfolgt, da der Steckuntergrund nicht beliebig oft eingedrückt werden kann. Eine genaue symmetrische Anordnung der Kerzen gelingt, wenn die Plätze vorher markiert werden. Nach den Kerzen wird das Koniferengrün gleichmäßig lang und mit der Tendenz nach unten, zur Tischplatte weisend, eingesteckt. Dazu werden die Zweige zunächst auf die passende Länge geschnitten, von den unteren Nadeln befreit und an den Stielenden mit dem Messer schräg angeschnitten. So lassen sie sich leicht einstecken. Der Reiz dieses Arrangements liegt neben einer Gemütlichkeit ausstrahlenden Wirkung in der korrekten, streng gerarbeiteten Form. Darum sollte der äußere Umriß laufend kontrolliert werden und störende, zu lang herausragende Zweige gekürzt werden. Die Zweige sollen das Basisbrett verdecken, es aber nur 2 cm überragen. Wenn die Grundform schön gleichmäßig und die Steckmasse nicht mehr sichtbar ist, können die Schmuckmittel eingesteckt werden. Sie lassen sich ebenfalls gut und sicher einstecken, wenn sie mit zwei gleich langen Drähten angedrahtet werden. Dabei ist die Drahtstärke dem Gewicht des Gestaltungsmittels anzupassen. Bei der Anordnung der Schmuckmittel sollte die von den Kerzen vorgegebene Symmetrie berücksichtigt werden.

Die Weihnachtspyramide

Ein besonders festlicher Tischschmuck ist eine Weihnachtspyramide (Abbildung 28, Arbeitsanleitung Seite 58). Statt eines Steckschaumkegels kann man eine Weihnachtspyramide aus Maschendraht formen. Man benötigt dazu ein Stück nicht zu groben Maschendraht, formt daraus eine Kegelform und stabilisiert sie mit Hilfsdrähten. Bei dem so gefertigten Kegel kann man die Proportionen selbst bestimmen. Wählt man einen geringen Kegeldurchmesser mit einer größeren Kegelhöhe, erhält man eine Form, wie sie die Pyramide in der Abbildung 28 zeigt. Wählt man dagegen einen großen Durchmesser mit einer geringen Kegelhöhe, erhält man eine gedrungene Pyramide. Die Gestaltungsmittel werden zwischen die Drahtmaschen gezogen oder mit Draht verankert oder aufgeklebt. Schlanke, rutenartige Zweige und schlankes Koniferengrün kann man durch die Maschen weben, indem man von innen in den Kegel faßt und die von oben eingeschobenen Zweige führt. Rindenstücke, Lappenmoos und auch Koniferenzweige lassen sich dann gut aufkleben. Schmuckmittel wie Zapfen, Früchte oder Bänder werden wie bei der gesteckten Pyramide zum Abschluß hinzugefügt. Das fertige Arrangement kann auf einem Teller befestigt oder auf ein farbiges oder mit Papier bespanntes rundes Brett genagelt werden.

Auch aus einer größeren Menge Zweige und Ranken kann man eine Pyramide bauen. Man formt daraus einen Kegel und verbindet die Kreuzungspunkte mit Wikkeldraht. Bleibt der Unterbau im fertigen Gebinde sichtbar, benutzt man für diese

sichtbaren Stellen Zierdraht. Die weiteren Gestaltungsmittel können dann ähnlich, wie bei der Maschendrahtkonstruktion eingezogen, mit Hilfe von Draht eingebunden oder geklebt werden. Sollten zum Abschluß einige Zweige die Form stören, können sie herausgeschnitten werden, wenn dadurch kein Loch entsteht.

Zu einem weihnachtlichen Tischschmuck gehört Kerzenlicht. Zur Weihnachtspyramide sollten die Wachskerzen in Leuchtern auf den Tisch gestellt werden, da Kerzen in den leichten Gebinden kaum sicher befestigt werden können. Eine Alternative wären elektrische Kerzenketten, die jedoch gleich zu Beginn der Herstellung eingebaut werden sollten, damit sie die naturhafte Wirkung nicht stören. Weihnachtspyramiden können als Einzelstück, zu mehreren in einer Reihe oder in unterschiedlichen Größen zu einer Gruppe angeordnet, auf den Tisch gestellt werden.

Ein geschmückter Tisch zum Richtfest

Es ist ein alter Brauch, ein Fest zu feiern, wenn für den Neubau eines Hauses die Dachkonstruktion aufgerichtet wird. Sicher wird die Ausgestaltung des Richtfestes bei einer kommerziellen Baustelle anders erfolgen als bei einem Privathaus. Hat der Bauherr mit seiner Familie und Freunden selbst mit Hand angelegt, wird das Richtfest meist zu einem persönlichen Fest. In einem solchen Fall ist es sicher nicht ungewöhnlich, neben Speisen und Getränken einen auf den Anlaß abgestimmten Blumenschmuck auf den Tisch zu bringen. Der Tisch wird in einem Raum des halbfertigen Gebäudes aufgestellt und mit sehr einfachen Mitteln und Gegenständen von der Baustelle kann ein Tischschmuck erstellt werden (Abbildung 51). Kalksandlochsteine mit vielen Öffnungen dienen als Untergrund, Steckhilfe und Gestaltungsmittel. Bizarr gewachsene Scheinquittenzweige, Bronzeblätter und eng zusammengefaßte Limoniumblüten sind die florale Ergänzung. Als besonderes, aber nicht sichtbares Hilfsmittel werden Reagenzgläser in die Öffnungen der Kalksandsteine eingesetzt, mit Wasser gefüllt und dienen so als Wasservorrat für die Blumen. Die Scheinquittenzweige sind möglichst so auszusuchen, daß sie bizarr gewachsen sind, jedoch so zugeschnitten werden können, daß sie aus den Öffnungen der Steine kommend, sich teils waagerecht darüber ziehen oder aus ihnen erheben. In unmittelbarer Nähe des Einsteckpunktes der Zweige wird ein blaues Limoniumbündchen, fast halbkugelförmig zusammengenommen, eingesteckt und ebenso werden ein oder zwei flächige Blätter hinzugefügt. Die Zahl der Blätter und Limoniumbündchen sollte sich nach der Form und der Größe der Scheinquittenzweige richten. Je nach Länge des Tisches können mehrere besteckte Steine aufgereiht werden, die jeder für sich ein individuelles Aussehen haben können. Es sollte aber immer ausreichend Platz dazwischen bleiben, damit die Speisenplatten aufgestellt werden können.

Blühende Scheinquittenzweige stehen nur eine kurze Zeit im Jahr zur Verfügung. Bizarr gewachsene Zweige anderer Gehölze, zum Beispiel Felsenmispel, haben eine vergleichbare Wuchsform und eignen sich ebenfalls für ein Ziegelstein-Arrangement. Dabei fehlt jedoch die leuchtende Farbe. Durch die Verwendung bunter Sommerblumen, wie orangefarbener oder roter Pompondalien, Astern oder Zinnien kann die fehlende Farbe hinzugefügt werden.

Kerzengesteck zur Hauseinweihung

Anläßlich einer Hauseinweihung läßt sich dieser Schmuck ebenfalls als dekoratives Element auf dem Tisch aufstellen. Hierfür ist es auch möglich, zusätzlich farblich abgestimmte Stab- oder Spitzkerzen hinzuzufügen. Sie können ebenfalls in den Löchern der Steine Halt finden. Sollten die Löcher größer sein als der Kerzendurchmesser, füllt man sie mit Sand auf, damit

die Kerzen nicht versinken können. Den Fuß der Kerzen umwickelt man vor dem Einstecken mit Moos oder Papierstreifen, damit sie einen festen Halt im Stein haben. Zum Schutz der Tischwäsche und der Tischplatte ist es empfehlenswert, die Unterseite der Steine mit dünner Pappe oder Folie abzukleben.

Dekorationsvorschläge für ein Fest im Freien

In der schönen Jahreszeit finden viele Veranstaltungen und Feste im Freien statt. Die Art der Feste kann vielgestaltig sein, ebenso das Umfeld der Plätze, an denen Tische stehen können.

Ein alter Steintisch am Waldrand

Eine Tischdekoration wie in Abbildung 52 paßt für viele Anlässe. Der gewaltige Steintisch steht am Waldrand und könnte von einer Gesellschaft genutzt werden, die das Jubiläum eines Försters feiert. Ebenso könnte der Tisch dem Treffen einer Gruppe von Reitern zu einem besonderen Anlaß dienen. Denkbar wäre auch ein fröhliches Essen zum Erntedank oder zu einem Waldfest. An dem urigen Steintisch finden viele Gäste Platz, obwohl ein sehr üppiges Blumenarrangement raumgreifend in seiner Mitte steht. Sonnenblumen in verschiedenen Arten, rote und blaue Astern, Pompondalien, Efeuranken und verschiedene Gehölze sind zu einem lang auslaufenden Gesteck vereint. Als Gefäß dient ein etwa 50 cm großer Untersetzer, wie er für große Topfpflanzen benutzt wird. Das Gefäß wird ganz mit Steckmasse gefüllt, um die vielen Blumen mit zum Teil schweren Köpfen und dicken Stielen aufnehmen zu können. Das Gesteck wirkt symmetrisch, obwohl die langen, schwingenden Zweige und Ranken an einer Seiten länger herausgearbeitet werden. In der Mitte des Gesteckes geben die Sonnenblumen das Gegengewicht zu den Zweigen und sorgen so für den optischen Zu-

sammenhalt. Zu den Zweigen und Ranken aus dem Gesteck sind auf der Tischplatte bunte Zierkürbisse angeordnet. Sie verlängern zusätzlich die auslaufenden Linien.

Zum Gartenfest

Zu einem Gartenfest oder zu einer Veranstaltung auf der Terrasse passen Werkstücke aus Blüten und Früchten des Gartens (Abbildungen 27 und 31). Die Herstellung der Kugel und der Pyramiden wird auf den Seiten 55 und 58 beschrieben. Die Früchte auf dem grünen Mittelband sind durch Obst und Gemüse der Saison ersetzbar und können auf das Geschirr oder ein farblich verändertes Band abgestimmt, ausgelegt werden. Bei der Verwendung von Gemüse, zum Beispiel Möhren oder Radieschen, sollte bedacht werden, daß das dekorative Laub an den Bündeln schnell welk wird und seinen Schmuckwert verliert.

Tontöpfe, vielseitig einsetzbar

Tontöpfe können in ihrer Orginalfarbe sehr dekorativ sein. Man kann sie auch mit geringen Mitteln wirkungsvoll verändern. Das Umlegen mit großen Laubblättern und anschließendem Umwickeln mit Woll- oder Bastfäden ist eine Möglichkeit. Die Töpfe bunt zu bemalen ist eine andere. Eine dritte Möglichkeit ist, die Töpfe mit zueinander passenden Materialien, wie Papier, Textilstreifen, Rinde, Moos, getrockneten Blättern oder Blüten zu bekleben. Bei sehr bunten Töpfen verarbeitet man nur eine Blumenfarbe und beschränkt sich auf nur wenige Formen. Bei frischen Blumen, die Wasser benötigen, sollte die Steckmasse mit Folie umkleidet oder ein Plastikbecher als Einsatz und Feuchtigkeitsschutz benutzt werden.

Bei Veranstaltungen im Freien ist darauf zu achten, daß der Blumenschmuck nicht unnötig früh der Sonne ausgesetzt wird, denn das kann zum vorzeitigen Welken der Blumen führen.

Abbildung 52
Zum Erntedank, zu einem Reiterfest oder zu einem Jagdessen kann eine Gesellschaft an diesem rustikalen Tisch Platz nehmen.

Sonnenblumen
Sommerastern
Pompondahlien
Kissenaster
Liguster
Baumwürger
Efeu
Perückenstrauch
Zwergmispel
Bergenienblätter
Zierkürbis
flacher Teller
Steckmasse

Tischschmuck im Restaurant

Profis im Ausgestalten von Festen und anderen Feierlichkeiten sind die Servierfachleute in Restaurant- und Hotelbetrieben. Sie organisieren den perfekten Ablauf von privaten oder geschäftlichen Veranstaltungen und versuchen, eine für den Gast angenehme und entspannte Atmosphäre in ihrem Haus zu schaffen. Sie sorgen sowohl für gute Angebote aus Küche und Keller als auch für die Ausstattung der Räume und Tische eines Restaurants.

Seidenblumen als Dauerschmuck

Individuelle Veranstaltungen werden sich von der allgemeinen Routineausstattung der Räume abheben, denn die tagtäglich neu zu bewältigende Pflege von frischen Blumen und Topfpflanzen kann sehr zeitaufwendig sein. Häufig finden deswegen für diese Dekorationen Seidenblumen Verwendung. Wenn die Ausgestaltung der Tische mit hochwertigen und naturgetreu wirkenden Seidenblumen, jahreszeitlich angepaßt, ausgeführt wird, sind sie eine sinnvolle Alternative zu frischen Blumen. Ihr Einsatz ist dann angebracht, wenn Räumlichkeiten dekoriert werden sollen, die für frische Blumen nicht so gute Voraussetzungen aufweisen. Die Wirkung von Seidenblumen kann gesteigert werden, wenn sie mit natürlichen, aber getrockneten Blättern, Ranken und Blüten kombiniert werden. Außerdem sollten die nichtfloralen Schmuckmittel in gleicher Weise verwendet werden, wie in der Frischblumenfloristik. Man sollte aber vermeiden, Seidenblumen und frische Blumen zu kombinieren.

Wenn Gebinde aus Seidenblumen arrangiert werden, sollten sie so gebogen und geglättet werden, daß sie der natürlichen, gewachsenen Erscheinung der jeweiligen Blume möglichst nahe kommen und ihrem natürlichen Habitus entsprechend gestalterisch eingesetzt werden.

Da derartige Gestecke eine sehr lange Lebensdauer besitzen, verstauben sie mit der Zeit. Verschmutzungen durch Staub können mit einem Pinsel und Fön beseitigt werden. Hochwertige Seidenblumen überstehen auch eine vorsichtige Säuberung mit warmem Wasser. Wie bei allen textilen Erzeugnissen ist beim Erwerb von Seidenblumen auf die Materialzusammensetzung zu achten. Kombinationen von Seide und Polyester oder Seide und Baumwolle haben sich bewährt. Das Ausstanzen der Einzelformen geschieht maschinell. Textilblumen werden in Handarbeit montiert. Die aufwendige Einzelmontage bedingt ihren Preis. Ihr natürliches Aussehen wird aber dadurch wesentlich geprägt.

Farbabstimmung zwischen Blumenfarben und Tischdecke

Die Farbe der Tischwäsche für den täglichen Gebrauch im Restaurantbetrieb bestimmt häufig die Möglichkeiten und den Einsatz von Farben für die Tischdekoration. Wenn mit bunt gemusterten Tischtüchern gedeckt wird, fällt es schwer, einen floralen Schmuck zur Wirkung zu bringen. Auch einfarbige Tischtücher erschweren häufig die Zuordnung von Blumen, denn oft sind Farben darunter, die

mit Blütenfarben frischer Blumen nicht leicht zu kombinieren sind. Dadurch wird die Auswahl an Blumen für einen Tischschmuck stark eingegrenzt und es entsteht die Gefahr der Eintönigkeit im farblichen Bild.

Tischschmuck für Veranstaltungen

Wenn größere Veranstaltungen im Restaurant ausgerichtet und dekoriert werden sollen, gibt es eine Fülle von Möglichkeiten, zu individuellen Lösungen zu gelangen. Auf Seite 30 sind alle notwendigen Detailfragen angesprochen und aufgelistet.

Bei der Ausgestaltung des Tisches kann der florale Schmuck oder andere Dekorationsteile, wie Menükarten oder sehr buntes Geschirr, die Atmosphäre des Tisches bestimmen. Der Tischschmuck erzielt eine andere Wirkung, wenn das Geschirr und die Gläser dominant und ausladend auf dem Tisch arrangiert sind. Gläser, die zu den Gedecken auf dem Tisch gehören, beeinflussen wesentlich die Ausgestaltung des Tischschmuckes. Sehr hohe Gläser auf einem großen Tisch, eine Augenweide für den Betrachter, verlangen einen höher angeordneten floralen Schmuck, da sich sonst in der Mitte optisch eine Vertiefung ergibt, die die harmonische Erscheinung der Tafel empfindlich stört (Abbildung 54). Befinden sich neben den üblichen Schmuckelementen noch besondere Dekorationen, wie gestalterisch aufwendige Menükarten, auf dem Tisch, benötigt der Florist viel Vorstellungsvermögen, um den floralen Schmuck passend zu dem gedeckten Tisch zu gestalten.

Bei Beratungsgesprächen für ein Essen und den dazu gehörenden Tischschmuck sollten Vorurteile bestimmten Blumen gegenüber bedacht und möglichst abgebaut werden. Einige Blumen mit großem ästhetischem und gestalterischem Wert werden häufig abgelehnt. Das gilt zum Beispiel für kleinblumige Calla und einige Lilienarten. Sie können, mit anderen Gestaltungsmitteln kombiniert, raffiniert verarbeitet und wirkungsvoll für einen Tischschmuck genutzt werden. Das sollte jedoch nie gegen den Willen des Gastes geschehen. Gelbe Calla (Abbildung 10) sind besondere Blumen und können eine sehr aparte Dekoration ergeben. Der in Abbildung 12 gezeigte Tischschmuck dagegen ist neutral und austauschbar, muß sich jedoch in Form und Größe dem gedeckten Tisch exakt anpassen. Das Arrangement ist in zwei miteinander korrespondierenden Schalen mit Herbstblumen gearbeitet.

Individuelle Tischdekorationen zum Geschäftsessen

Im Betriebsablauf eines Restaurants müssen häufig Tische für geschäftlich ausgerichtete Arbeitsessen hergerichtet werden, beispielsweise für eine ausländische Abordnung, für Partner von Vertragsabschlüssen oder Delegationen partnerschaftlich verbundener Städte, um nur einige Anlässe zu nennen. Wenn ein Blumenschmuck einen rustikalen Eindruck vermittelt (Abbildung 25), sollte dies bei der weiteren Ausgestaltung des Tisches berücksichtigt werden. Auf dem Bild stehen die Gestecke auf einem rustikal wirkenden Tischtuch. Eine naturbelassene Tischplatte würde ebenfalls zu diesem Enzian-Arrangement passen.

Das Erstellen der drei kleinen Schalenfüllungen verlangt keine große Übung. Voraussetzung ist nur, daß alle Blumen, Blätter und Zweige so ausgesucht werden, daß sie den Eindruck vermitteln, sie entstammen alle einer Wachstumsregion. Obwohl alle Blüten aus dem Blumenangebot des Marktes im Mai sind, erscheint es dem Betrachter, als sei hier ein Stückchen Natur der Bergregion entnommen worden. Verstärkt wird dieser Eindruck durch die dem Wachsen nachempfundene, gerade Stellung der meisten Blüten und den Einsatz von kleinen Bruchsteinen und Moos zur Ausgestaltung des Untergrundes der Schalen. Gestecke dieser Art sollen nicht wie eine Idealisierung der Natur erscheinen. Sie sollten viel mehr eine Interpretation einer Landschaft oder einer Region mit floristischen Mitteln darstellen.

Auch bedeutende Persönlichkeiten könnten Thema für eine Tischschmuckidee sein und einen Bezug zum Gastgeber oder zur Veranstaltung aufzeigen. Auch Stadtmotive, Firmenembleme oder auch typische Produkte einer Region könnten als Gestaltungsmittel dienen. Ebenso häufig bieten sich Farben, die einen Symbolwert für eine Region oder einen Betrieb haben, als Motivgeber an. Bei der Verwendung derartiger Symbolträger sollte man immer auf eine klare, gestalterische Aussage achten und sich in der Auswahl der Motive beschränken.

Literaturverzeichnis

Aichele, D.und Golte-Bächtle, M.: Was blüht denn da? Kosmos, Frank'sche Verlagshandlung Stuttgart 1990, 53.Auflage

Büch, C. und Gehm, T.: Floristik mit Wildpflanzen, Verlag Eugen Ulmer, Stuttgart 1993

Encke, F., Buchheim, G., Seibold, S.: Zander-Handwörterbuch der Pflanzennamen, Verlag Eugen Ulmer, Stuttgart 1994, 15.Auflage

Evers, M., Wortmann, W., Evers, A.: Werkformen der Blumenbinderei, Verlag Paul Parey, Hamburg, Berlin 1987, 4.Auflage

Haber, M.: Farbatlas Zierpflanzen, Verlag Eugen Ulmer, Stuttgart 1991

Hanf, M.: Farbatlas Feldflora, Verlag Eugen Ulmer, Stuttgart 1991

Itten, J.: Die Kunst der Farbe, Otto Maier Verlag, Ravensburg 1970

Kolbrand, F.: Europa windet den Kranz, Frisinga Verlag G.m.b.H., Freising 1984

Stobbe-Rosenstock, F.: Osterschmuck und Osterbräuche, Verlag Eugen Ulmer, Stuttgart 1990

von Wissel, G.: Schöne Blumengestecke, Verlag Eugen Ulmer, Stuttgart 1991

Wundermann, I.: Der Hobby-Florist, Verlag Eugen Ulmer, Stuttgart 1993, 2.Auflage

– Frühlingssträuße, Verlag Eugen Ulmer, Stuttgart 1988

– Florist Bd.1, Verlag Eugen Ulmer, Stuttgart 1989

– Herbststräuße, Verlag Eugen Ulmer, Stuttgart 1990

Register

Zahlen mit Stern beziehen sich auf Zeichnungen, halbfette Zahlen auf Farbfotos.